Türkei

© 1985 – MAGNUS EDIZIONI SPA, UDINE und
Verlag Anton Schroll & Co, Wien und München
Alle Rechte der Reproduktion, auch der teilweisen, des
Textes und der Bilder sind für die ganze Welt vorbehalten
Printed in Italy
ISBN 3-7031-0616-6

Türkei

Albano Guatti (Fotos)

Julia Anita Babeluk (Text)

Verlag Anton Schroll & Co · Wien und München

Mit einem freundlichen „hoş geldiniz" (gesprochen: „hosch geldinis") begrüßen Türken grundsätzlich alle Besucher ihres Landes, mögen sie als Touristen, Geschäftsleute oder Wissenschaftler, als Teilnehmer an internationalen Veranstaltungen oder was auch immer in die Republik Türkei einreisen. Dieser Gruß kommt von Herzen und ist eines der vielen Zeichen für die besondere Freundlichkeit, für Gastfreundschaft und Entgegenkommen der Bevölkerung im ganzen Land – eine Erfahrung, die sich immer mehr durchsetzt, nachdem die Zahl ausländischer Türkeibesucher in den letzten Jahrzehnten sprunghaft angestiegen ist. Kaum einer von ihnen kann sich der Schönheit der türkischen Küsten entziehen, die sich über 8000 km an Marmarameer, Ägäis, Mittelmeer und Schwarzem Meer erstrecken; dazu die herrlichen Sandstrände oder Felsenbuchten zum Teil mit wunderbarem Gebirgspanorama, die mehr als sieben Monate im Jahr ideale Gegebenheiten für Erholung bieten.

Dazu kommen der Reiz des Fremden, das faszinierende Erlebnis des Orients und die endlose Zahl interessanter historischer Plätze, die vielen Ausgrabungen und archäologischen Forschungsstätten, die fesselnde Begegnungen mit den großen Kulturen ermöglichen, die sich in Kleinasien im Verlauf von über 8000 Jahren Menschheitsgeschichte entwickelt und einander abgelöst haben.

Die Türkei von heute erstreckt sich über ein Gebiet, das etwa der Größe der Bundesrepublik Deutschland, Italiens und der Schweiz zusammengenommen entspricht. Geographisch gesehen liegen knapp 4 % des Territoriums auf dem europäischen Kontinent und rund 96 % bilden das Gebiet Kleinasiens bzw. Anatoliens – im Norden und Süden von den langen Ketten des Pontischen und des Taurus-Gebirges, deren Ausläufer sich im Osten zum Sagros-Gebirge vereinen, und im Westen vom Ägäischen Meer begrenzt.

Immer wieder wird dieses kleinasiatische Gebiet eine Brücke genannt, eine Brücke zwischen Orient und Okzident – doch ist das eigentlich richtig? Schon seit Jahrzehnten bestätigen die Forschungsergebnisse, daß Anatolien die Heimat und der Ursprung einer Reihe bewundernswürdiger Kulturen war, wie dies kaum ein anderes Land in solcher Fülle kennt; sie lösten einander zum Teil ab oder fielen feindlichen Einwirkungen zum Opfer. Historisch gesehen ist die Zahl der Völkerschaften und Heerscharen, die Kleinasien durchzogen, viel geringer als diejenige der Eindringlinge, die als Eroberer oder Besiedler kamen. Schon vor 8000 Jahren waren es die Fruchtbarkeit und die Bodenschätze Anatoliens (vom heute wichtigen Erdöl abgesehen), die immer wieder gewinnsüchtige Eroberer und vagierende Völker anzogen; manche verließen das Land, indem sie die eroberten Schätze mitnahmen oder Tribute auferlegten, während wandernde Stämme oft unterlagen, versklavt wurden oder sich ansiedeln konnten und dann früher oder später von der Urbevölkerung aufgesogen wurden.

Bei einigem Studium des sogenannten „fruchtbaren Halbmonds" wird klar, daß keines der umliegenden Länder so reich mit fruchtbarer Erde, günstigen Klimaverhältnissen und zahllosen Bodenschätzen gesegnet ist wie Anatolien. Dort gibt es alle Landschaftsformen der Erde mit Ausnahme der Wüste und ebenso alle Klimaarten mit Ausnahme tropischer Verhältnisse. Die baumarme zentralanatolische Hochebene, umschlossen von den hohen Ost-West-Gebirgszügen, hat echtes Kontinentalklima und ist – heute noch – die Kornkammer der Türkei; allerdings erntet man dort bereits im Mai oder Juni, und danach dörrt das Gebiet den langen Sommer hindurch, wie unfruchtbar, in der Sonne. Und gerade auf dieser weiten Hochebene und an den Hängen der Gebirgszüge entstanden schon in grauer Vorzeit hochentwickelte Zivilisationen, die bis ins sechste vorchristliche Jahrtausend zurückreichen. Die neuzeitlichen archäologischen Techniken haben faszinierende Funde ans Tageslicht gebracht, die vor den genialischen Werken dieser unbekannten anatolischen Völker staunen lassen und die mit ihren ausgewogenen Formen, ihren ansprechenden Farben und mitunter auch mit kleinen technischen „Tricks" Sympathie erregen.

Çatal Höyük in Mittelanatolien, 52 km südlich von Konya gelegen, hatte vor rund 8000 Jahren mehrere Zehntausend Bewohner und gilt derzeit als älteste stadtartige Siedlung, die bisher erforscht wurde. Diese vor etwa 25 Jahren bekanntgewordene Entdeckung veränderte das bis dahin gültige Geschichtsbild der

Menschheit. Anhand moderner Messungen mit der C-14-Methode konnten zahlreiche Funde in die Jüngere Steinzeit datiert werden, ca. 7100−6300 v. Chr. Freskenmalereien an den Innenwänden der übereinandergetürmten Behausungen stellen Jagdszenen dar, ja sogar den Ausbruch eines unweit gelegenen Vulkans, des Hasan Daği, wie er heute genannt wird. Ein Mosaik aus farbigen Steinen läßt kämpfende Tiger erkennen; riesengroße Gehörne von Super-Auerochsen schmückten die Kulträume; Kleinplastiken zeigen die Hauptgöttin, die „Muttergottheit", in vielfachen Posen, ja sogar in Gebärstellung. In den Grabstätten, die unterhalb der Sitzbänke der Wohnräume lagen, wurden Überreste der ältesten gewebten Stoffe und der ersten Holzschalen gefunden; bemalte Keramikgefäße hatten damals schon Ösen zum Aufhängen, um den Inhalt im Luftzug zu kühlen. In Frauengräbern wurden Halsketten und Armbänder aus Horn-, Stein- und Bleiperlen gefunden, die zentrisch durchbohrt waren, kleine Behälter für Schminken und Salben, ja sogar ein Handspiegel; natürlich nicht aus Glas, aber heute noch gibt die hochpolierte Obsidian-Scheibe ein perfektes Spiegelbild.

Wo liegt nun die Erklärung für diesen hohen Zivilisationsstand? Die Bewohner von Çatal Höyük hatten sich bereits vor rund 9000 Jahren zu Ackerbauern und Gewerbetreibenden sowie Mineralienbearbeitern und -händlern entwickelt. Ihren Reichtum stellten neben den Erzvorkommen, die sie bereits verwenden konnten, die bedeutenden Vorkommen des härtesten Materials der alten Zeit dar, des glasharten Obsidian vulkanischen Ursprungs, das sie zu Speerspitzen, Messern, Beilen und ähnlichen Gerätschaften zu verarbeiten verstanden, ja auch zu Handspiegeln.

Ein Trakt des weitläufigen Museums für die Kulturen Anatoliens, das sogenannte Hethitische Museum in Ankara, beherbergt die Funde von Çatal Höyük und von anderen ähnlich alten, aber nicht ganz so spektakulären Siedlungszentren des Neolithikums. Eine besondere Kostbarkeit ist dort der obeliskförmige Obsidiankeil von ca. 1,20 m Höhe, an dem erkennbar ist, wie damals schmale, messerartige Keile abgeschlagen worden sind – aber mit welchen Arbeitsmaterialien und welchen technischen Methoden, ist heute kaum erklärbar.

Die nachfolgenden Zentren der Zivilisation in Anatolien, von der frühen Kupferzeit zur frühen Bronzezeit, waren vorwiegend an den Hängen des Taurus und Pontus gelegen, von der Gegend bei Burdur über Südanatolien bis zum Osten, Erzurum und Van. Prachtvolle bauchige Tongefäße mit lokal unterschiedlichen, typischen Farbornamenten, Tonfigürchen aller Art, die ersten Bronze- und Kupferarbeiten, ja eine ganz schmale, überschlanke Frauenfigur aus Silber mit goldenen Fußreifen und auch anthromorphe Gefäße mit geradezu belustigenden Gesichtsdarstellungen sind aus dieser Zeit erhalten.

Einen neuen kulturellen Höhepunkt erreichte das Stadtfürstentum von Alaca, nördlich von Ankara, Zentrum der Hattier, der Meister der frühen Bronzezeit. Ihre viel bewunderten Sonnenscheiben mit fein geschmiedeten Kreuz-, Ring- und Swastikamustern sind einmalig, und ein besonders schönes Exemplar wurde zum Symbol des Fremdenverkehrs der Republik Türkei gewählt. Zierliche Goldgefäße, herrliche goldene Halsketten, vollendet stilisierte Hirsch- und Stierfiguren aus Bronze, zum Teil mit Gold- und Elektrumeinlagen, stammen aus den Königsgräbern von Alaca Höyük, datiert um 2300 v. Chr., eine ausgedehnte Siedlung, die von einer Mauer umgeben war. Eines der Haupttore war mit Sphingen geschmückt, darunter jeweils das Relief eines doppelköpfigen Adlers mit ausgebreiteten Schwingen, das Emblem so vieler späterer Dynastien im Nahen Osten und in Europa.

Unter den reichen Metall- und Mineralienvorkommen Anatoliens fehlte das Zinn, das für die Bronzeherstellung benötigt wurde. Daher setzte ein lebhafter Handelsverkehr mit Assur im nördlichen Mesopotamien ein; Hunderte von Eseln brachten Zinn, aber auch andere assyrische Erzeugnisse wie Stoffe, Schmuckgegenstände und Keramikgefäße nach Kleinasien. Unter dem Schutz anatolischer Feudalherren entstanden Niederlassungen der assyrischen Kaufleute, die bedeutendste in der Nähe von Kayseri (Kültepe), von wo wiederum Gold, Silber, Kupfer, Blei, Obsidian und anderes exportiert wurde. Dieses Kültepe dürfte durch einen Großbrand zerstört worden sein; von den assyrischen Händlern, die mit ihren Waren auch die Schrift nach Anatolien gebracht hatten, blieb ein Schriftenarchiv erhalten, das rund 10.000 Tontäfelchen umfaßt und als kulturgeschichtliche Dokumentation seiner vollständigen Entzifferung entgegensieht.

Auch Troja, die sagenhafte Siedlung nahe den Dardanellen, entstand um diese Zeit; die frühesten Schichten I–V werden um 3000–1800 v. Chr. datiert. Doch ist es für die Besichtigung heutzutage leider nur mehr ein Kulturschuttsockel aus rund fünf Jahrtausenden, und die Ausdehnung der einst ummauerten Siedlung beträgt kaum 150 × 150 m. Die Schicht Troja VIIa wurde inzwischen als das homerische Troja erkannt (1300–1260 v. Chr.), aber davon wußte Schliemann bei seinen Schatzgrabungen vor rund 100 Jahren noch nichts. Der von seiner Frau weggeschmuggelte Goldschatz, fälschlich als Schatz des Priamos bezeichnet, ist anatolischen, möglicherweise frühhethitischen Ursprungs und stammt aus der Schicht Troja II; er ging im Zweiten Weltkrieg in Berlin zugrunde.

Die nächste große Kulturblüte in Anatolien war das Reich der Hethiter. Von Labarna, dem Vorfahren althethitischer Könige, berichten Inschriften um 1700 v. Chr., daß sein Land ursprünglich klein gewesen sei, dann aber „unterjochte er die Gebiete seiner Feinde, deren Staaten er zerstörte, und gab seinem Reich die Grenzen an den Meeren". Heute ist bekannt, daß einige antike Städte aus hethitischen Siedlungen entstanden sind, z. B. Tarsus (Kizzuwatna-Staat) und Aspendos (Estwedia/Azitawaddia), auch Mersin.

Die ehemalige Hauptstadt der Hethiter, Hattuša, heute Boğazkale genannt, liegt im anatolischen Hochland, nördlich von Ankara – ein Tagesausflug mit Auto oder Bus: erstaunlich die zyklopischen Mauern der ehemaligen Königsburg, die gewaltigen Quader der Tempelfundamente und tief beeindruckend die Schluchten des nahegelegenen Felsenheiligtums Yazılıkaya. Auf einem meterhohen Relief schmiegt sich König Tuthalija IV. (um 1250–1220 v. Chr.) in den Arm seines majestätischen Schutzgottes; beide sind mit Namenskartuschen bezeichnet; sie tragen, deutlich erkennbar, Schnabelschuhe mit aufgebogenen Spitzen. Im gleichen Schuhwerk, das man im Westen noch immer Türkenpantoffeln nennt, schreitet auch eine Prozession von vierzehn Göttern auf den Reliefs am Zugang zu den Felsenkammern. Die alten Hethitergötter waren warm angezogen: langärmeliges Wams, Wickelrock bis zum Knie, breite Gürtel und hohe, spitzkonische Mütze! Anders der muskulöse Kriegsgott am Königstor des einstigen Hattuša; auf seinem freien Oberkörper hat der Bildhauer vor mehr als 3000 Jahren mit viel Sorgfalt die Brustbehaarung mit feinen geringelten Einritzungen naturalistisch dargestellt. Um 1200 v. Chr. drangen die sogenannten Seevölker und thrakische Stämme nach Kleinasien vor, und unter ihrem Ansturm zerbrach das Hethiterreich; sein kulturelles Erbe lebte in mehreren kleineren Stadtfürstentümern weiter – die wichtigsten lagen im Grenzbereich zu Syrien und in Zentralanatolien –, die den typischen Mauerstil, die hochentwickelte Kunst der Steinreliefs, die Götterwelt und den Lebensstil beibehielten, aber machtpolitisch keine Bedeutung mehr hatten.

Es schloß sich die Entwicklung des Reichs der Urartäer im Gebiet um den Van-See, Ostanatolien, an, die der größte Feind der Assyrer in Mesopotamien waren und ihnen schließlich im 6. Jahrhundert v. Chr. erlagen. Sie waren große Meister in der Eisenerzeugung und -verarbeitung, aber auch in der Errichtung wuchtiger Tempelbauten, starkummauerter Festungen und hochentwickelter Bewässerungsanlagen. Die Inschriften beim Felsengrab in der Zitadelle von Van erzählen von den Taten des Königs Argistis I. (786–764 v. Chr.) und berichten vom Aufstieg des Königreichs Urartu.

Bedingt durch das assyrische Eindringen nach Kleinasien verlegte sich das kulturelle Schwergewicht nach Südwesten, in das Gebiet zwischen Halikarnassos (Bodrum) und Ankara. Die Phryger dürften im 12. Jahrhundert nach Anatolien eingewandert sein, und ihr berühmtester Herrscher war König Midas, der sich 676 v. Chr. entleibte, als sein Reich von den Kimmeriern zerstört wurde. In der Legende ist er heute noch bekannt als der, der alles in Gold verwandelte, was er berührte, und der von Apoll mit Eselsohren bestraft wurde, als er bei einem Sängerwettbewerb, an dem der Gott teilnahm, dem Gotte Pan den Siegespreis zusprach. Einer anderen Sage zufolge stiftete Midas den „Gordischen Knoten": Dieser kunstvolle, nach Gordios, dem Vater des

Midas, benannte Knoten verband Joch und Deichsel seines Wagens, den Midas dann im Zeus-Heiligtum aufstellen ließ. Daran knüpfte sich eine Weissagung, die demjenigen die Herrschaft über Asien versprach, der diesen Knoten lösen würde; gut 300 Jahre später war es dann Alexander der Große, der den Knoten nicht entwirrte, sondern zerhieb.

Nach der phrygischen Herrschaft konzentrierte sich das neue Macht- und Kulturzentrum im südwestlichen Anatolien, es war das Reich der Lyder mit der Hauptstadt Sardes am goldführenden Fluß Paktolos. Begründer war Gyges, im Westen vornehmlich durch Schillers Ballade über den Ring bekannt. Der gewiß berühmteste Lyderherrscher ist heute noch Kroisos, dessen Name Symbol für unermeßlichen Reichtum wurde. Die Erfindung der punzierten Münze stammt aus Sardes, da dort zum ersten Mal in der Weltgeschichte Geldstücke mit eingravierten Angaben des Edelmetallgehalts hergestellt wurden, also sozusagen eine „garantierte Währung" (Gold, Silber und Elektrum). Neueren Forschungen zufolge sollen die „geheimnisvollen" Etrusker in Mittelitalien die Nachkommen ausgewanderter Lyder sein. König Kroisos und sein großes, wohlhabendes Reich gingen an der selbstgefälligen Auslegung eines delphischen Orakelspruchs zugrunde; als der König vor der Wahl stand, den eindringenden Achaimeniden Widerstand zu bieten oder sich friedlich zu verhalten, interpretierte er die Worte „Wenn Du den Halys überschreitest, wirst Du ein großes Reich zerstören!" zu seinen Gunsten; es war aber sein eigenes Reich, das 547 v. Chr. vernichtet wurde.

Die folgenden vorchristlichen Jahrhunderte waren von der Vorherrschaft der Perser geprägt; für sie war Anatolien Brücke für ihre thrakischen Feldzüge gegen die Griechen. Sie verwalteten das Land durch ihre Satrapen und bauten ein ausgezeichnetes Straßennetz von 2500 km Länge, z. B. von Sardes nach Susa. Auf dieser Königstraße Darius' I. verlief dann die spätere Römerstraße, und sie teilt heute, als moderne Autostraße, das Ruinengebiet von Sardes in den Bereich von Akropolis und Tempelanlagen und die späteren Bauwerke, die Riesenanlage eines Gymnasiums Kaiser Hadrians und eine große Synagoge mit reicher Marmorverzierung. Ihre Ausdehnung führte zu der überraschenden Erkenntnis, daß Sardes auch in den ersten nachchristlichen Jahrhunderten sehr stark bevölkert war.

Milet und andere blühende Küstenstädte fanden in dem zunächst zwar erfolgreichen Ionischen Aufstand, nachdem die Perser wieder die Oberhand gewonnen hatten, um 494 v. Chr. ihr Ende, aber die wirkliche Umkehr kam mit Alexander dem Großen, der seinen Siegeszug durch Anatolien und entlang der Südküste nach Mesopotamien nahm. Für ihn und seine Kämpfer war Anatolien im wahrsten Sinne eine Brücke, denn das ferne Persien war sein Ziel, von wo er – bedingt durch seinen frühen Tod – nicht mehr zurückkehrte.

Dies ist nur eine gedrängte Übersicht über die wesentlichen Kulturen der anatolischen Frühzeit. Die hervorragendsten Funde aus diesen Epochen sind in Ankara ausgestellt, im sogenannten Hethitischen Museum auf dem Burgberg des alten Ancyra (Angora). Schon das Gebäude selbst ist eine besondere Sehenswürdigkeit, eine große Karawanserei mit Bedesten (gedeckter Markt), errichtet in der zweiten Hälfte des 15. Jahrhunderts zur Zeit Sultan Mehmeds II., ein ausgezeichnetes Bauwerk mit interessanter Steinsetzung und harmonischen Bogenstellungen mit zweifarbigen Keilsteinen.

Ganz allgemein gesehen ist es überraschend, wie attraktiv und interessant ein Aufenthalt in Ankara ist, dieser neuen Hauptstadt auf uraltem Kulturboden. So erscheint z. B. dem Schriftsteller Frank Thieß Ankara als Symbol einer echten Großstadt, da es zu den ganz wenigen Siedlungen zählt, „die mehrere Jahrtausende hindurch immer Stadt gewesen sind". Früher war es nur um den historischen Burgberg geschart, zu dessen Füßen 1402 Sultan Yıldırım Beyazid (der Blitz), nach seinem Sieg über die Serben in der Schlacht von Kosovo Polje (Amselfeld 1389) das junge osmanische Reich von Bursa gegen die Heerscharen des Timur Lenk verteidigte. Er unterlag zwar nach blutigem Widerstand, aber dieser heldenhafte Kampf hat – historisch gesehen – die weitere Expansion der Mongolen nach Europa aufgehalten.

Ankara hat sich zu einer Millionenstadt entwickelt, vibrierend von Aktivität, voller Neubauten, Anbauten und Zubauten, eine Verwaltungsmetropole in 800 m Höhe, die sich als Gartenstadt präsentiert. „Frieden im Land und Frieden auf der ganzen Welt!" war die Parole von Kemal Atatürk – ehemaliger Offizier des osmanischen Kaiserreichs und Schöpfer der Türkischen Republik (1923), Held des türkischen Verteidigungskampfes von 1915 gegen die überlegenen Ententemächte bei den Dardanellen. Er machte Ankara zur Hauptstadt, nachdem er nach dem verlorenen Ersten Weltkrieg sein Land in einer Volkserhebung von den Besatzungsmächten befreien konnte (England, Frankreich, Griechenland, Italien). Daß er sein Volk im türkischen Kernland Anatolien so erfolgreich aus mittelalterlicher Mentalität, traditionsgebundener geistiger Verharrung und unterentwickelten Wirtschaftsverhältnissen herausführen konnte, ist zum größten Teil auf seine überdurchschnittliche Intelligenz zurückzuführen, die ihn teils mit Energie, teils mit väterlichen Erklärungen, ja sogar mit Witzigkeit die damals umwerfenden Reformen des Alltagslebens der vorwiegend ländlichen Bevölkerung schmackhaft machen ließ.

Die Türkei ist heute das einzige Land des Vorderen Orients, in dem der Großteil der männlichen Bevölkerung westlich gekleidet ist – zum Leidwesen der Folklore-Enthusiasten; Einführung eines bürgerlichen Gesetzbuches und Übernahme des westlichen Staatsrechts, Wahlrecht für alle, rechtlicher Status der Frauen, Schulpflicht für alle, Übernahme der lateinischen Schrift, Aufbau eines akademischen Lebens nach westlichem Vorbild, europäische Uhrzeit, um nur einige der wichtigsten Neuerungen zu nennen, und dann die Schaffung der Grundlagen für modernen Wirtschaftsaufbau, für industrielle Entwicklungen und für eine verbesserte Infrastruktur gehen auf Atatürk zurück. Besonders wirtschaftlich gesehen, hat die Türkische Republik Fortschritte gemacht, die vor einigen Jahrzehnten kaum vorstellbar gewesen sind. Macht man z. B. einen Spaziergang durch einen der vielen neuen Stadtteile von Ankara, kann man nur staunen über das lebhafte, westlich anmutende Leben in den Straßen, das Angebot der eleganten und anspruchsvollen Geschäfte, daneben die vielen kleinen Boutiquen, die an Ausstattung, Schick und Modeauswahl mit europäischen Großstädten konkurrieren können. Dabei sind die Preise vom westlichen Standpunkt so bescheiden, ja alles ist einfach so billig, erklärbar durch den niedrigen Kurs der türkischen Währung.

Der Aufschwung zum Industrieland, das sich zum Großteil aus inländischen Produktionen versorgen kann, war langwierig, mühsam, von Rückschlägen begleitet, aber stetig fortschreitend. Eine Sonderbelastung für die im Aufbau befindliche junge Industrie waren die sozialen Auflagen nach westeuropäischem Vorbild, die die Regierungen der sechziger Jahre den Arbeitgebern vorschrieben. In Europa hatten sich allerdings die mustergültigen Fürsorge- und Sicherungsmaßnahmen für Menschen im Arbeitsprozeß im Verlauf eines Jahrhunderts entwickelt; dieses fertige System für die im Entwicklungsstadium befindlichen türkischen Unternehmungen einzuführen, war sicherlich mustergültig, aber ein bißchen hart. Inzwischen sind alle Sozialmaßnahmen nach österreichischem und deutschem Vorbild für die türkische Arbeiterschaft und ihre Gewerkschaften selbstverständlich geworden. Besonders gut geht es den Beamten im Staatsdienst; sie können bereits mit 45 Jahren in Pension gehen, eine noch von Atatürk stammende Verfügung; sie wird weidlich ausgenutzt, und viele Beamte verbringen ihre besten Jahre, indem sie irgendein lukratives Privatunternehmen betreiben, wobei ihnen ihre Erfahrungen und Beziehungen aus der Zeit ihrer Beamtenschaft im einschlägigen Ressort von Nutzen sind.

Die Türkei, das einzige Land, das die ihm nach dem Ersten Weltkrieg auferlegten Schulden voll abgezahlt hat, bleibt weiterhin bemühter Rückzahler der großen Kredite, die ihr zum Aufbau von Industrien und zur Verbesserung der Infrastrukturen und der landwirtschaftlichen Kapazitäten gewährt wurden. Die Schwierigkeiten, die den jungen, mit Krediten aufgebauten Projekten aus den Erdölkrisen erwuchsen, sind überwunden, zum bedeutenden Teil durch die Tatsache, daß die Türkei bevorzugter Lieferant der zu Wohlstand gelangten Staaten der arabischen Welt geworden ist und einen breiten Fächer an industriellen Erzeugnissen sowie ihre hervorragenden landwirtschaftlichen Produkte offerieren kann. Länder wie Irak und Iran, in denen die Versorgung der Bevölkerung kriegsbedingt knapp geworden ist, sind auf laufende Lieferungen aus der Türkei angewiesen, ganz abgesehen von den Importen von Nachschubgütern aus dem Westen, die nicht auf dem teuren Luftweg, sondern auf dem billigeren Landweg, eben durch die Türkei, transportiert werden.

Es ist vielleicht ganz interessant dazu zu bemerken, daß die durch Jahrhunderte entwickelte Mentalität der Türken sie zu bevorzugten Partnern macht, die in Verhandlungen mit Arabern keine Fehler begehen und deren Experten (ob Konstrukteure, Architekten, Wissenschaftler, Textil- und Schuhfabrikanten oder Lebensmittelexporteure) sich selbstverständlich. in islamischen Ländern besser anpassen können und den Geschmack ihrer orientalischen Abnehmer leichter treffen.

Dazu sei als kritischer Betrachter Lord Kinross zitiert, der bereits vor Jahren die Entwicklung vom Osmanischen Reich zur Türkischen Republik wie folgt charakterisierte: „Geschichtlich war dieses Reich das letzte in der Reihe jener morgen- und abendländischen Imperien, die unsere westeuropäische Kultur geformt haben. Wie Rom erlebte es Verfall und Untergang, bei dem alle Provinzen von ihm abfielen. Doch Geist und Herz dieses Reiches überdauerten den Zusammenbruch der äußeren Gestalt und lebten wieder auf, zwar nicht mehr in einem Imperium, doch in einem Nationalstaat, dem es gelang, morgenländisches und abendländisches Erbe zu einer neuen Einheit zu verschmelzen."

Es ist eine bekannte Tatsache, daß die Türkische Republik seit jeher mit Geld- und Devisenmangel zu kämpfen hat – es fehlt eben ein reiches Erdölvorkommen. Daher verdienen die unerhörten Leistungen, die im Verlauf der letzten Jahrzehnte auf musealem Gebiet vollbracht wurden, besondere Beachtung. Wenn bisher ausführlich vom Hethitischen Museum in Ankara die Rede war, dann wegen seiner Einmaligkeit auf archäologischem Gebiet. Es ist eben ein Museum, das allein für sich eine Türkeireise wert ist. Trotz ständiger finanzieller Schwierigkeiten wurden im ganzen Land Hunderte moderner Museumsbauten errichtet bzw. passende alte Bauwerke als Museen adaptiert. Denken wir nicht nur an die berühmten Plätze wie Pergamon, Ephesos und Aphrodisias oder das riesige Areal des Freilichtmuseums von Göreme, die geradezu gepflegte Schmuckkästchen sind, oder die römischen Theater an der Südküste oder die prachtvollen hethitischen Ausgrabungen von Hattuša (Boğazkale), Yazılıkaya und Alaca Höyük. In allen Winkeln der Türkei werden historische Plätze und Grabungsstätten vom Kultusministerium ständig überwacht und geschützt und können gegen geringes Entgelt bzw. kostenlos besichtigt werden. Die Museen von Selçuk (Ephesos) und Pergamon, von Izmir, Bursa, Antalya, Alanya und Side sind ganz einfach Kleinodien, Spiegelbilder der großen antiken Vergangenheit; aber auch unbedeutendere Plätze wie Afyon/Karahisar (phrygisch, lydisch), Iznik/Nicaea (byzantinisch, seldschukisch), Amasya und Tokat (vorwiegend seldschukisch, osmanisch), Bodrum/Halikarnassos (griechisch, römisch), Anamur (römisch), Kayseri (urgeschichtlich, seldschukisch), Konya (seldschukisch, osmanisch mit besonders hervorragenden alten Teppichen) verfügen über interessante Museumseinrichtungen und faszinierende Exponate, zum Teil in ausgezeichneten, zweckentsprechenden, neuen Bauwerken untergebracht.

Auch die touristisch vorderhand nicht stark frequentierten, weiter im Osten liegenden Städte haben in den letzten Jahrzehnten umfassende Museumsanlagen bekommen, z. B. Trabzon (byzantinisch, osmanisch), Erzurum und Van (urartäisch, seldschukisch), Malatya und Gaziantep (byzantinisch, arabisch, seldschukisch), Urfa (urgeschichtlich, seldschukisch, osmanisch) oder z. B. Birecik in der Südosttürkei, wo Vögel, die auf einem alten Bauwerk nisten, unter Natur- bzw. Museumsschutz stehen. Sie sind die einzigen noch lebenden Exemplare einer Vogelart, die durch altägyptische Reliefs bekannt ist, die „Keylanak", von denen es nur dort noch welche gibt, und zwar weniger als 100 dieser mit ihren roten Schnäbeln und Beinen recht bizarr wirkenden Tiere. Schließlich seien noch die ethnographischen Museen genannt, von denen die in Ankara und Bergama (Pergamon) die eindrucksvollsten sein dürften.

Vom musealen Standpunkt aus gesehen ist natürlich Istanbul absolute Spitze. Diese auf zwei Kontinenten gelegene, rund 2000 Jahre alte Stadt besitzt seit Jahrzehnten das, was westliche Großstädte heutzutage als Ideallösung anstreben, die „Museumsinsel" bzw. das „Museen-Ensemble". Diese Ensemblewirkung ist in der Altstadt naturgegebenerweise vorhanden bzw. während der Entwicklung durch die Jahrhunderte erhalten geblieben, wenn auch von den Besuchern als solche gar nicht richtig wahrgenommen. Auf einem rund 2 km langen Gelände von etwa 1 km Breite sind auf dem ersten Hügel des als „Neues Rom" gegründeten Konstantinopel eine Reihe außergewöhnlicher Sehenswürdigkeiten und Museen konzentriert. Das Schicksal Konstantinopels (Istanbuls) ist es, am Naturhafen Goldenes Horn zu liegen – Einnahmequelle und Wirtschaftsfaktor der Stadt seit fast zwei Jahrtausenden –, und auf der Landspitze zwischen Marmarameer und Goldenem Horn wurde immer wieder gebaut, abgerissen und überbaut: Sakral- und Repräsentationsbauten, Hafen- und Lagereinrichtungen und natürlich auch Befestigungsmauern.

Teilweise erhalten geblieben ist das Hippodrom, heute At Meydanı, im Jahr 203 von Septimius Severus angelegt und in seinen Maßen von 400 m Länge und 150 m Breite von Kaiser Konstantin gestiftet. Von der ehemals kostbaren Ausschmückung sind Reste der Schlangensäule des Orakels von Delphi erhalten, der gemauerte Obelisk, den die Kreuzfahrer 1204 seiner Verkleidung mit vergoldeten Bronzetafeln beraubten, und der Obelisk aus Karnak. Die vergoldete Quadriga aus Kupfer-, Silber- und Goldlegierungen, die dem Lysippos von Korinth zugeschrieben wird und die einst die Kaiserloge schmückte, ließ Theodosius II. nach Byzanz bringen; dann wurde sie anläßlich des vierten Kreuzzugs von den Venezianern verschleppt und prangt seither über der Eingangshalle der Markuskirche mit dem Zwischenspiel, daß sie Napoleon zur Ausschmückung des Arc de Triomphe nach Paris bringen ließ; nach seinem Sturz wurde sie 1814 wieder nach Venedig gebracht.

Seit rund 1620 flankiert die Sultan-Ahmed-Moschee (die Blaue) mit ihrer prachtvollen Zentralkuppel eine Längsseite des Geländes. Sie ist allerdings nicht Museum, sondern Hauptmoschee der Türkei und zählt angesichts der vollendeten Wirkung und der Kostbarkeit des Bauwerks zu den bedeutendsten Sehenswürdigkeiten; im Bereich ihrer Anlagen befindet sich ein exquisites Teppich-Museum und dazu ein sensationelles Kelim-Museum, das erst seit wenigen Jahren existiert und in den meisten Reiseführern nicht erwähnt wird. Unterhalb der Moschee, in den Überresten der Unterbauten des Hippodrom, liegt das Mosaiken-Museum mit den besten Beispielen byzantinischer Mosaikenkunst, dazu gehören z. B. Reste des Peristyl-Fußbodens einer alten Palastanlage aus dem 5. oder 6. Jahrhundert. Gegenüber am Platz befindet sich der kürzlich als Museum restaurierte Ibrahim Pascha Sarayı mit seinen reichen Schätzen aus Anatolien.

Über eine kleine Parkanlage hinweg schließt sich der gewaltige Komplex der Hagia Sophia an, das Meisterwerk frühchristlicher Baukunst (6. Jahrhundert) mit allen seinen Zubauten und Sicherungsbauten von Byzantinern, Kreuzfahrern und Türken, die die Erhaltung des kunstvollen Kolosses durch 14 Jahrhunderte ermöglichten. „Ehre sei Gott dem Herrn, der mich für würdig erachtete, dieses Bauwerk zu vollenden; Salomon, ich habe Dich übertroffen!" rief Kaiser Justinian aus, als er im Jahr 548 die Basilika zur Einweihung betrat. Vormittags und nachmittags, wenn die Sonnenstrahlen schräg durch die vielen Fenster und Kuppellünetten einfallen, ergießt sich märchenhafter Goldglanz über Säulen und Kapitelle, Marmorgesimse und Mosaiken, Portale und Galerien, und die phantastisch gemusterten marmornen Wandplatten schimmern so, wie es die Historiker des 6. Jahrhunderts ergriffen beschrieben. Vom strahlenden Goldgrund der Mosaiken blicken Christus und die Jungfrau, Apostel und Heilige, Kaiser und Patriarchen auf den Besucher.

Durch eine Parkanlage getrennt, schließt sich der ausgedehnte Sultanspalast Topkapı Sarayı an, der auch ohne die überreichen Kunst- und Kleinodiensammlungen, nur als komplexes Bauwerk, zusammengewachsen vom 15. bis zum 19. Jahrhundert, hohe museale Bedeutung hätte. In den Gärten westlich von Topkapı Sarayı liegt das Museum für Orientalische Kunst mit archäologischen Ausgrabungen aus dem Gebiet des osmanischen Reiches (z. B. die hethitische Keilschrifttafel mit dem Freundschaftsvertrag zwischen dem Hethiterkönig und Pharao Ramses II. nach der Schlacht von Kadesch 1285 v. Chr. Auch der große Block des Antikenmuseums, um 1871 im damals in Europa üblichen Museumsstil gebaut, liegt dort; es beherbergt die besten Funde der ägyptischen, lykisch-

karischen, griechischen und römischen Perioden bis zu frühbyzantinischen und thrakischen Kunstwerken, die vor 1918 auf dem Boden des osmanischen Reichs gemacht wurden; international berühmt sind z. B. der elegante lykische Sphingen-Sarkophag aus Xanthos und der mächtige sogenannte „Alexander-Sarkophag", der aus Sidon im heutigen Libanon stammt.
Ein moderner Kaffeehauspavillon steht neben den großen Museumsbauten, und in den Gartenanlagen kann man sich zwischen klassischen Spolien und byzantinischen Sarkophagen, die im Freien ausgestellt sind, ausruhen, Erfrischungen zu sich nehmen und türkischen Kunststudenten und -studentinnen beim Memorieren zuschauen.
Nicht genug der Museen auf dieser Istanbuler „Museumsinsel", es schließt sich dann noch der Çinili Köşk an, das erste von den Türken auf dem Topkapı-Sarayı-Gelände gebaute Palastgebäude, das 1466 von Mehmed II. errichtet wurde. Es hat eine ganz mit Fayence-Kacheln verkleidete Prunkfassade mit einer Stiege, und in den um die Zentralkuppel sternförmig angeordneten Räumen befindet sich eine exquisite Auswahl meisterlicher Keramikarbeiten von der frühseldschukischen bis zur hochosmanischen Zeit, also etwa von 1200 bis 1750, von denen die kostbaren unter Lasur gebrannten Kacheln besonders bemerkenswert sind. Schließlich gehört noch eine kleine, besonders interessante Anlage zu diesem Areal, auf dem sich die Besucher ohne Störung durch den rasanten Istanbuler Straßenverkehr tummeln können, eine der großen byzantinischen Zisternen, die Yerebatan Sarayı genannt wird. Bereits im 4. Jahrhundert errichtet, anderen Quellen zufolge erst im 6. Jahrhundert, mißt die unterirdische Anlage 64 × 56 m, und die Decke wird von 16 Reihen mit je 14 Säulen getragen, also insgeamt 224 recht eng beieinanderstehende Säulen, teilweise mit schön verzierten Kapitellen, die sich bei elektrischer Beleuchtung romantisch im Wasser spiegeln.
Höhepunkt dieses „Museen-Ensembles" ist ohne Zweifel das Museum Topkapı Sarayı, der Sultanspalast, dessen große Höfe mit Säulenhallen, Parks und Gärten, mit Reihen anmutiger Pavillons und kuppelgeschmückter Bibliotheken sich über 1000 m Länge erstrecken und von dem aus man die reizvolle Landschaft am Goldenen Horn, am Marmarameer und am Bosporus bis hin zu den Hügeln auf der asiatischen Seite überblicken kann; von der Marmorterrasse mit dem Thron des Sultan Ibrahim bietet sich ganz einfach ein „Kaiserblick". Kuşhane (Vogelhaus) hieß die marmorgepflasterte Hofküche wegen der winzigen Portionen, welche die Herrscher persönlich zu sich zu nehmen pflegten. Die Trakte der großen Küchen aus dem 16. Jahrhundert (Baumeister Mimar Sinan), die mehrere tausend Personen der Hofhaltung versorgten, sind schwere Quaderbauten, in denen sich die reichste Sammlung chinesischer Porzellane befindet, die es auf der Welt gibt. Das ist keine Übertreibung, sondern beruht auf Forschungen von Wiener Experten, die bei der Neuordnung der Exponate in den frühen sechziger Jahren assistierten. In Peking und den anderen großen chinesischen Zentren ist durch Aufstände, Revolutionen und Kriege „zu viel Porzellan zerschlagen" worden. Schon im 13. Jahrhundert ließen die seldschukischen Herrscher und in den folgenden Jahrhunderten die osmanischen Sultane das Geschirr für ihren Hof direkt aus China importieren – über die Seidenstraße. Durch die strenge Hierarchie der Hofhaltung ging nur wenig kostbares Geschirr verloren, und einen Krieg hat Istanbul seit der Eroberung durch die Türken im Jahr 1453 nicht mehr erlebt.
Der mauerumwehrte Sultanspalast war seit dem 15. Jahrhundert Herrscher- und Regierungssitz des osmanischen Weltreichs (bis zur Mitte des 19. Jahrhunderts), das außer Kleinasien die südlichen Mittelmeergebiete und einen Großteil des arabischen Raums umfaßte und in die Weiten Südrußlands und Südosteuropas hineinreichte. Was in heutigen Regierungsformen Außen- und Innenministerium, Kriegs- und Handelsministerium, Kulturministerium und Amt für Religiöse Angelegenheiten heißt, all das war in Topkapı Sarayı unter dem Namen Bab Ali (Hohe Pforte) zusammengefaßt. Das bedeutet, Hunderte von Beamten und Schreiber aller Art, Bedienungs- und Bewachungsmannschaften, Finanz- und Abgabenverwalter, Kleider- und Waffenkammerpersonal, Lehrkräfte für die Palastschulen und ärztliche Betreuer, Bibliothekare und Protokollstäbe und nicht zuletzt die Vertrauensleute, die den Staatsschatz sowie die

Kleinodien und repräsentativen Schmuckstücke der osmanischen Sultane verwalteten, hatten ihre Diensträume, teilweise auch ihre Unterkünfte, innerhalb des Palastareals und wurden dort verköstigt.

Oft haben sich ausländische Gesandte oder Sonderbeauftragte, die von europäischen Höfen zum osmanischen Sultan entsandt wurden, in ihren Berichten leicht spöttisch über die Prachtentfaltung bei den Audienzen geäußert und kritisiert, daß sie die Hand des Sultans küssen mußten; gebildete Europäer mit guten Orientkenntnissen wie etwa der habsburgische Gesandte Bushbeque im 16. Jahrhundert oder Hammer-Purgstall im 18. Jahrhundert sahen dies anders. Aber kaum jemand hat daran gedacht, daß es sich nicht nur um eine Audienz beim weltlichen Herrscher der Osmanen handelte, sondern zugleich beim Kalifen, also dem geistigen Oberhaupt einer Weltreligion. Die osmanische Dynastie hat von 1517 (Selim I.) bis 1924 (Mehmed VI.) das Kalifat der gesamten islamischen Welt innegehabt, über 400 Jahre in ungebrochener Folge. Probleme mit dem Schiitentum waren auch damals bekannt, und historische Aufzeichnungen berichten von Pilgerzügen von Schia-Anhängern aus Persien, die anläßlich der Gedenktage zu Husseins Tod laut heulend und sich mit Eisenketten schlagend durch die Straßen von Istanbul zogen.

Als Beispiel für die unfaßbar reichen Schatzkammern von Topkapı Sarayı sei lediglich der sogenannte Bayram Tahtı aus dem 17. Jahrhundert genannt, der zwar nur mit Opalen und Topasen geschmückt ist, aber aus 120 kg reinem Gold besteht. Von den einzigartigen Sammlungen sollen die Prunkgewänder der Sultane aus dem 15. bis zum 19. Jahrhundert erwähnt werden: von Sultan Süleyman, 1520–1566, in Mitteleuropa „der Prächtige", bei den Türken „der Gesetzgeber" genannt, stammt beispielsweise ein schwarzer Moiré-Kaftan mit rotem Innenfutter und ein zierlicher elfenbeingeschnitzter Fächer.

Äußerst bemerkenswert sind schließlich noch die Sammlungen zauberhafter Miniaturmalereien (15. bis 18. Jahrhundert), gleichsam als Ausflucht der türkischen Maler vor dem „Verbot" der figuralen Darstellung im Islam. Im 16. und 17. Jahrhundert wurden für die Herrschaftsperioden der meisten osmanischen Sultane Alben mit Bilderberichten gemalt, die die wichtigsten Taten, Feldzüge, Volksfeste oder besondere Tagesereignisse festhielten. Auf telefonbuchgroßen Seiten zauberten Maler wie Nakkaş Osman und Matrakçı Nasuh mit ihren Gehilfen in den Hofmalschulen ganze „Reportagen", die heute mit ihrem teils realistischen, teils manieriertem Malstil als geschichtliche Dokumentationen gelten. Wie amüsant ist der Bericht über das Fest anläßlich der „Beschneidung des Thronfolgers, Mehmed III." (1583) auf dem At Meydanı zu betrachten – ein Volksfest, das einen Monat lang gedauert hat und dem die Botschafter ausländischer Mächte (von England, Portugal und Habsburg) beiwohnten. Die staunende Volksmenge, das Mienenspiel einzelner Zuschauer sind realistisch, ja naturgetreu wiedergegeben, und man wird unweigerlich an das Menschengewimmel im heutigen Istanbul erinnert, auch wenn es die malerischen bunten Gewänder der Vergangenheit nicht mehr gibt. Ja, das Istanbul von 1985 zählt fast 6 Millionen Einwohner, unglaublich, wenn man bedenkt, daß es in den vierziger Jahren etwa eine halbe Million war. In erster Linie sind es die Landflucht, die Tatsache, daß man nicht mehr bescheiden den ererbten Boden bearbeiten will, und die Hoffnung auf leichter verdientes Geld sowie der faszinierende Glanz, die die Menschen aus den Dörfern Anatoliens in die „Stadt" locken, zum geringen Teil auch die Nachfrage nach Arbeitskräften im Verlauf des vehementen Ausbaus industrieller Anlagen im Istanbuler Raum. In dem Gewirr hoher und niedriger Häuser, breiter und schmalster Straßen, zwischen großen und kleinen Kuppelbauten und Repräsentationsanlagen drängen sich die Menschenmassen und der Verkehr. Vâli (Provinzgouverneur) oder Bürgermeister von Istanbul zu sein, ist eine äußerst schwierige Aufgabe, denn alle Planungen und Projekte wurden noch immer von den Bedürfnissen und Ansprüchen der ständig wachsenden Bevölkerungszahl über den Haufen geworfen. Allerdings mit einer einzigen Ausnahme: die Brücke über den Bosporus, die in elegantem Schwung als achtgrößter Brückenbau der Welt die europäische mit der asiatischen Seite verbindet! Hier haben die Kritiker der sechziger Jahre – und es waren viele, die die gewaltige Investition ablehnten – nicht recht behalten. Die Verkehrs- und Transportleistungen, die diese Brücke ermöglicht, hätten nie von einer noch so großen Flotte von Bosporusfähren erreicht werden können. Angesichts der Ströme europäischer Exporte in die Länder des Vorderen und Mittleren Orients – eine kräftige Hilfe für die türkische Finanzlage – werden Projekte für eine weitere, ja sogar für zwei weitere Bosporusbrücken vorbereitet.

Erholsam für Auge und Gemüt, fern vom brausenden Autoverkehr, ist es in Istanbul in den kleinen Spezialitätenlokalen an den Ufern von Bosporus und Marmarameer oder z. B. am Ende des Goldenen Horns, in Eyüp, wo bei einer harmonischen Moscheenanlage das Prunkgrab des hochverehrten Eyüp liegt, Trägers des „Banners des Propheten". Er fiel 674 bei einer erfolglosen arabischen Belagerung der Stadt, und dieser romantische Platz ist nicht nur eine Art Pilgerziel, sondern auch sozusagen ein Überrest kleinstädtischen, ja fast dörflichen Gepräges am Rande der wirbeligen Großstadt. An Ständen und in Buden werden außer Erfrischungen aller Art Souvenirs und Andenken an den „Heiligen Eyüp" verkauft, und das kleinbürgerliche Volk, vom Dienstmädchen bis zum Lastenträger, trifft sich dort in jahrmarktähnlicher Atmosphäre vornehmlich zu den Wochenenden.

Nicht nur in Istanbul, sondern in allen türkischen Städten ist die Einwohnerzahl in den letzten Jahrzehnten enorm gestiegen, obwohl noch immer über 60 % der Gesamtbevölkerung in Dörfern lebt und Landwirtschaft betreibt. Der Drang in die Städte – eigentlich ein Anzeichen für zunehmende Verwestlichung – läuft parallel mit der allgemeinen Bevölkerungszunahme von knapp 14 Millionen Einwohnern in den zwanziger Jahren auf rund 60 Millionen Einwohner im Jahr 1985. Ursachen dafür sind traditionelle Geburtenfreudigkeit und enorm verbesserte hygienische und soziale Verhältnisse, vor allem in den ländlichen Gebieten. Die demographische Darstellung, eine „Bevölkerungspyramide", zeigt ein derartiges Überwiegen der Generationen unter 40 und 30 Jahren und noch mehr der Zwanzigjährigen, daß die Nöte und Bedürfnisse des Landes ganz einleuchtend werden. Woher sollen Arbeitsplätze genommen werden, wenn der bäuerliche Nachwuchs nicht mehr auf den Feldern arbeiten will? Wie schwierig ist es, den gehobenen Ansprüchen der „Atatürk"-Generationen nachzukommen! Das Land ist nicht größer geworden, obzwar Ernten und Bruttonationalprodukt gewaltig gesteigert werden konnten. – Aber alles wird dringend benötigt!

Natürlich ist das große, weite Anatolien ein Hoffnungsgebiet fast ohne Grenzen. Tausende von Entwicklungsprojekten industrieller und landwirtschaftlicher Art, Elektrifizierungs- und Bewässerungsprogramme wurden erfolgreich durchgeführt, sind noch in Arbeit oder befinden sich im Planungsstadium; der Ruf, ja die Aufforderung, in den Provinz- und Kleinstädten „an der Scholle" zu bleiben, erklingt bereits auf diversen Ebenen. Zum Glück gefällt es ja dem Großteil der türkischen Gastarbeiter in den verschiedenen europäischen Ländern nur sehr wenig, wo es so grau ist, wo man so wenig beliebt ist und wo man – unter schwierigen Umständen – alles selbst kochen muß, weil das dortige Essen „nicht zu essen" ist – eine realistische Facette zur Heimatliebe der Türken. Dieses weite anatolische Land mit seinen riesigen Beckenlandschaften und rauhen Gebirgskulissen, das vor Jahrhunderten noch so viel wohlhabender war, bedarf einer großen, echten Entwicklungspolitik, die traditionsgebundenes Denken der Dorfbevölkerung mit ehrgeizigen Zukunftsprojekten in Einklang zu bringen versteht. Viele alte Städte im Landesinneren, die schon von den Achaimeniden und Alexander dem Großen erobert wurden, die römische Festungen waren, dann aus byzantinischer Hand von den Seldschuken erobert wurden, belagernde Kreuzfahrer gesehen und unter den Osmanen Blütezeiten erlebt haben, bieten dem Touristen, der sie durchwandert, wohl noch häufig das Erlebnis der „alten Zeit", der Romantik, des orientalischen Gepränges und des Wirrwarrs des Basarlebens.

Nicht nur die Tatsache, daß das westliche Kleinasien auf Grund der besseren Verkehrsverhältnisse leichter zu modernisieren und industrialisieren ist, hat zu ihrem Niedergang und zur Verharrung im alten Lebensstil beigetragen. Das Schicksal ereignete sich bereits viel früher, und es war das Schicksal des einst großmächtigen und wohlhabenden osmanischen Reichs: Die Entwicklung der europäischen Mächte seit dem 17. Jahrhundert hat es besiegelt. Da wäre zunächst einmal der technische Fortschritt zu nennen,

der von den gewaltigen Importen von Waren und Gerätschaften aus dem reichen „Orient" unabhängig machte (z. B. die Verwendung von Rübenzucker anstelle von Zuckerrohr), dann die Entdeckung des Seewegs nach Indien bzw. Amerika, wodurch den europäischen Staaten neue Reichtümer erschlossen und neue, billigere Lieferländer für Gewürze, Edelhölzer und dergleichen zugänglich wurden, und zuletzt der Bau des Suezkanals, der die altberühmte „Seidenstraße" als Lieferweg für begehrte Güter ablöste. Außerdem hatten die Europäer bessere und größere Schiffe für ihre Transporte gebaut, im letzten Jahrhundert dann die Frachtdampfer mit ihren riesigen Kapazitäten. Nach und nach blieben die Einnahmen und Umsätze der einst blühenden Städte und Dörfer in Anatolien aus, für die Bevölkerung aber fielen Kontakte und Denkanstöße weg, und die vielen prachtvollen Karawansereien, die „Karawanen-Motels", von denen die Seldschuken im 13. und 14. Jahrhundert so viele prachtvolle Anlagen gebaut hatten, standen leer und verfielen.
Das osmanische Reich, das sich – wie der deutsche Turkologe Prof. Babinger so eindringlich darstellt – vom 16. bis zum frühen 20. Jahrhundert in seiner Ausdehnung nicht verkleinert, sondern vorübergehend sogar vergrößert hatte, ging also nicht nur an seiner Ausdehnung und den damit verbundenen Schwierigkeiten zugrunde, sondern auch wirtschaftlich durch die schwungvollen Fortschritte der westlichen Welt.

Wer heutzutage in die Türkei reist, sieht zwar viele Mängel und Unzulänglichkeiten, doch beurteilt er den Zustand meist am Beispiel der westlichen Welt, die Fortschritt und Industrialisierung mit allen nachteiligen Begleitumständen bereits seit rund zwei Jahrhunderten durchlebt und verarbeitet hat. Wer kennt schon den Zustand der jungen Republik, sagen wir vor rund fünfzig Jahren, als noch die primitivsten Maschinen, ja sogar Geräte wie Baumwollhauen, importiert werden mußten? Wer denkt daran, daß noch vor dreißig Jahren Tür- und Fensterschnallen, Schlösser und Rollbalken, Regenschirme und Handtaschenbügel, Drehbänke und einfache Schraubenautomaten, Schreibpapier und bessere Textilprodukte, Plastikbehälter oder Sportgeräte aus dem Ausland bezogen wurden – mühsam mit Devisen bezahlt oder im Clearing gegen Tabak-, Haselnuß-, Olivenöl-, Weizen- oder etwa Chromlieferungen verrechnet? In den fünfziger Jahren war der Export von „kaukasischem Nußbaumholz" für die europäische Möbelindustrie noch devisenbringend – die Türkei verfügt über riesige Wälder im Nordosten –, aber diese Möbel sind aus der Mode gekommen.
Der Aufbau der Türkei zu einem modernen Industriestaat, der sich ohne Befüchtungen der EWG, dem Gemeinsamen Markt, wird anschließen können, war mühsam und langwierig, voller Schwierigkeiten und auch voll von Rückschlägen, aber – im Grunde genommen – hat Kemal Atatürk prophetisch die richtige Parole gegeben: „Türke, sei stolz, arbeitsam und zuversichtlich!" – und damit hat er auch die Türkinnen gemeint, denn in der türkischen Sprache gibt es keine Bezeichnung für weibliche Türken!

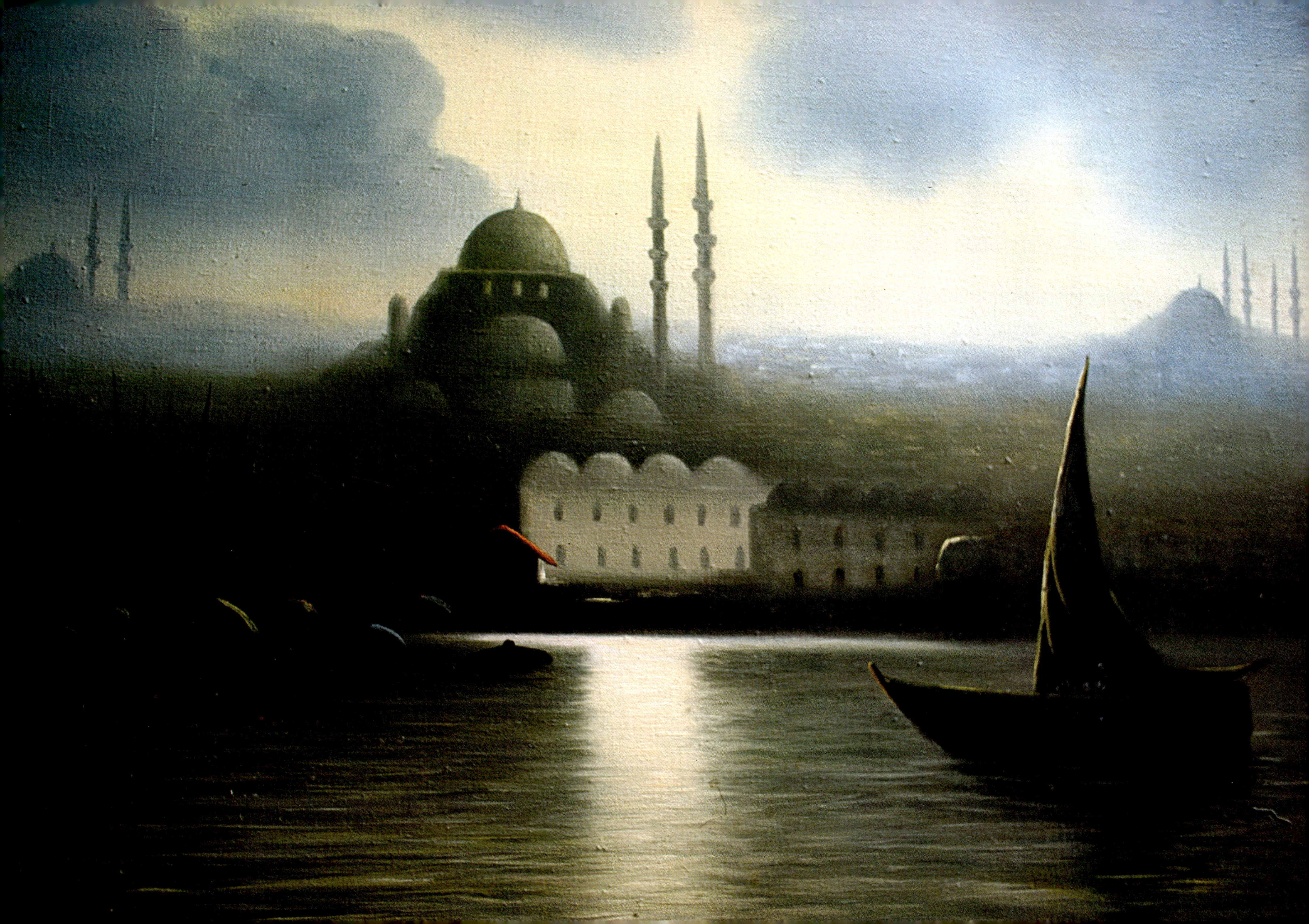

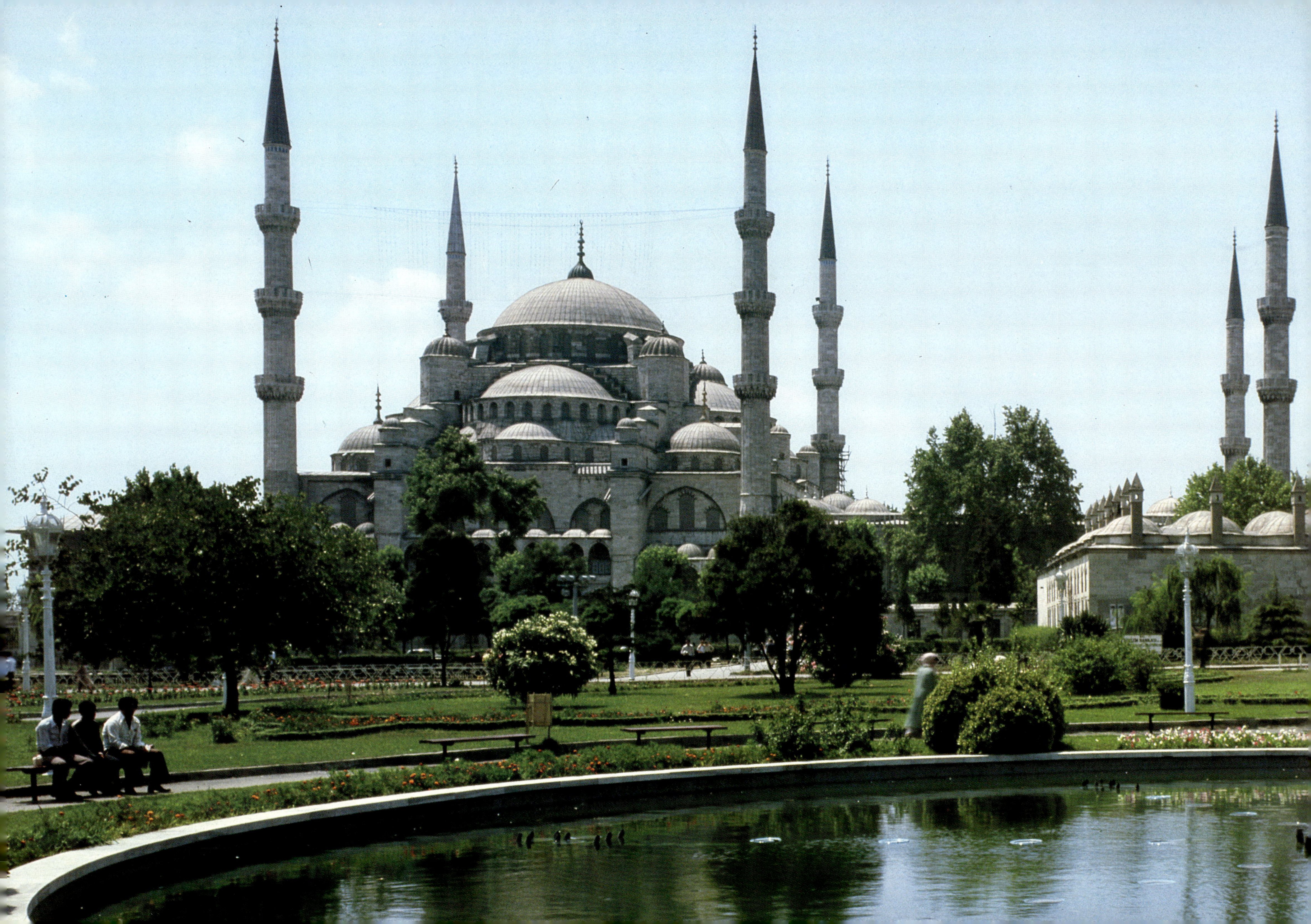

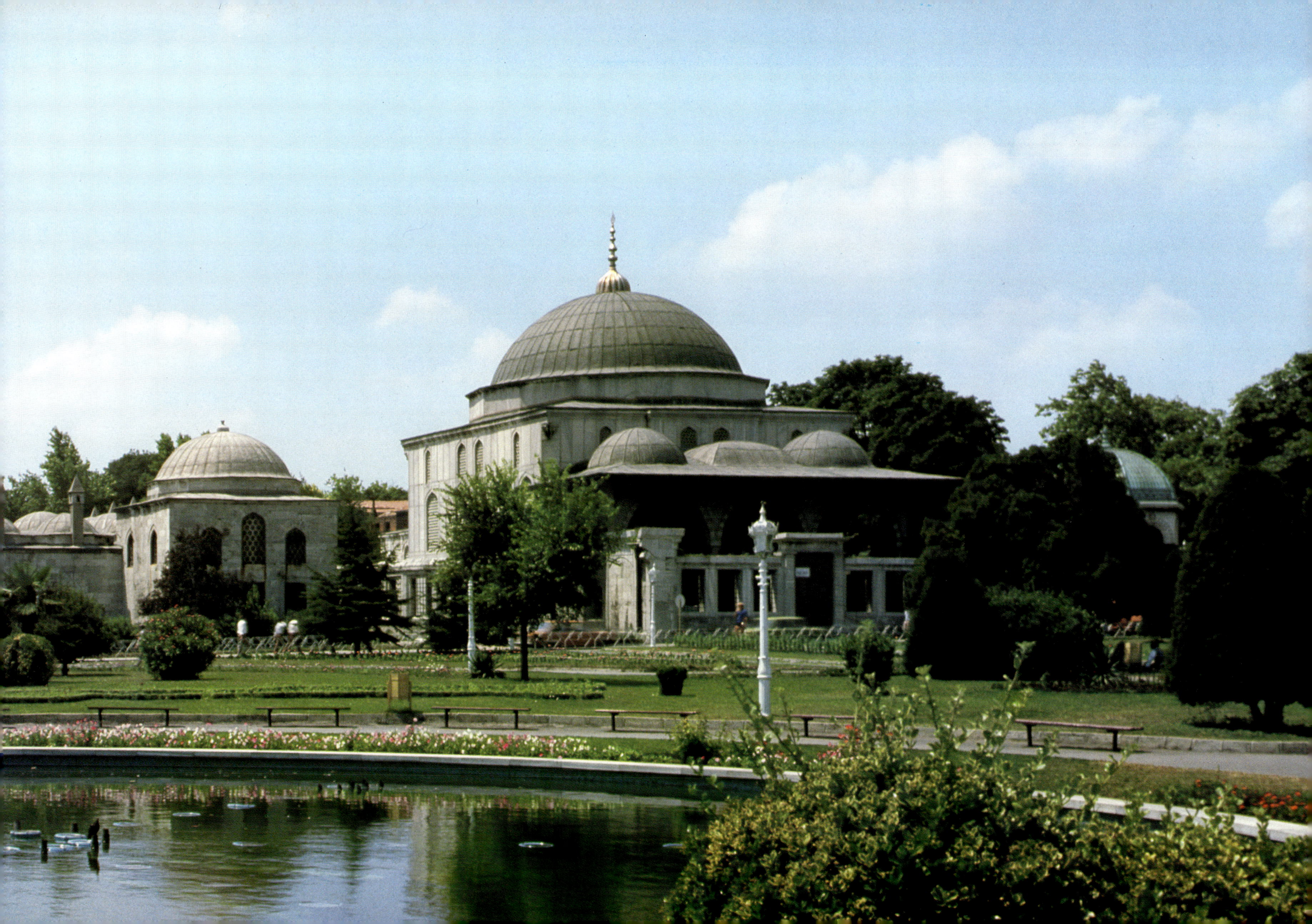

3

4

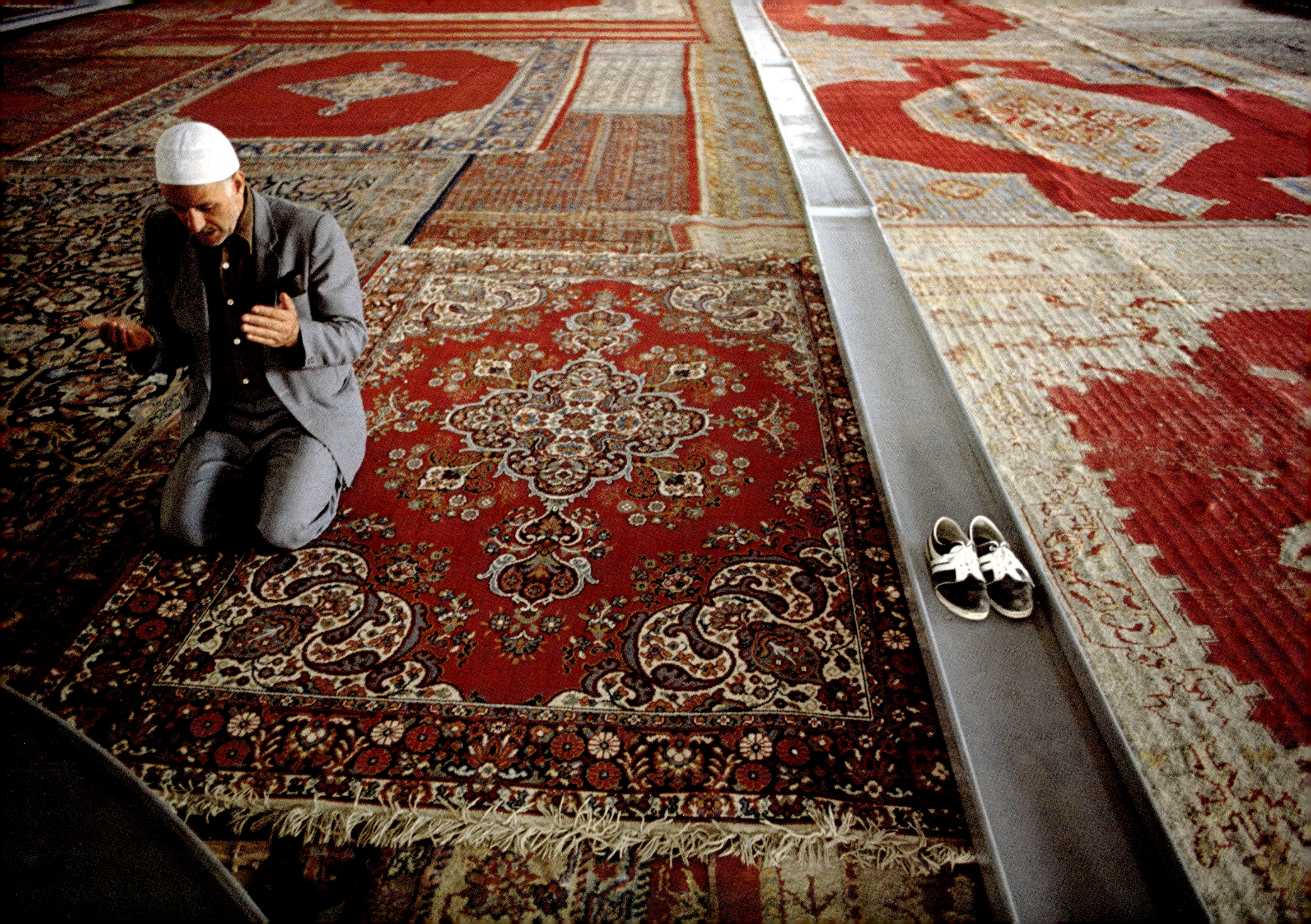

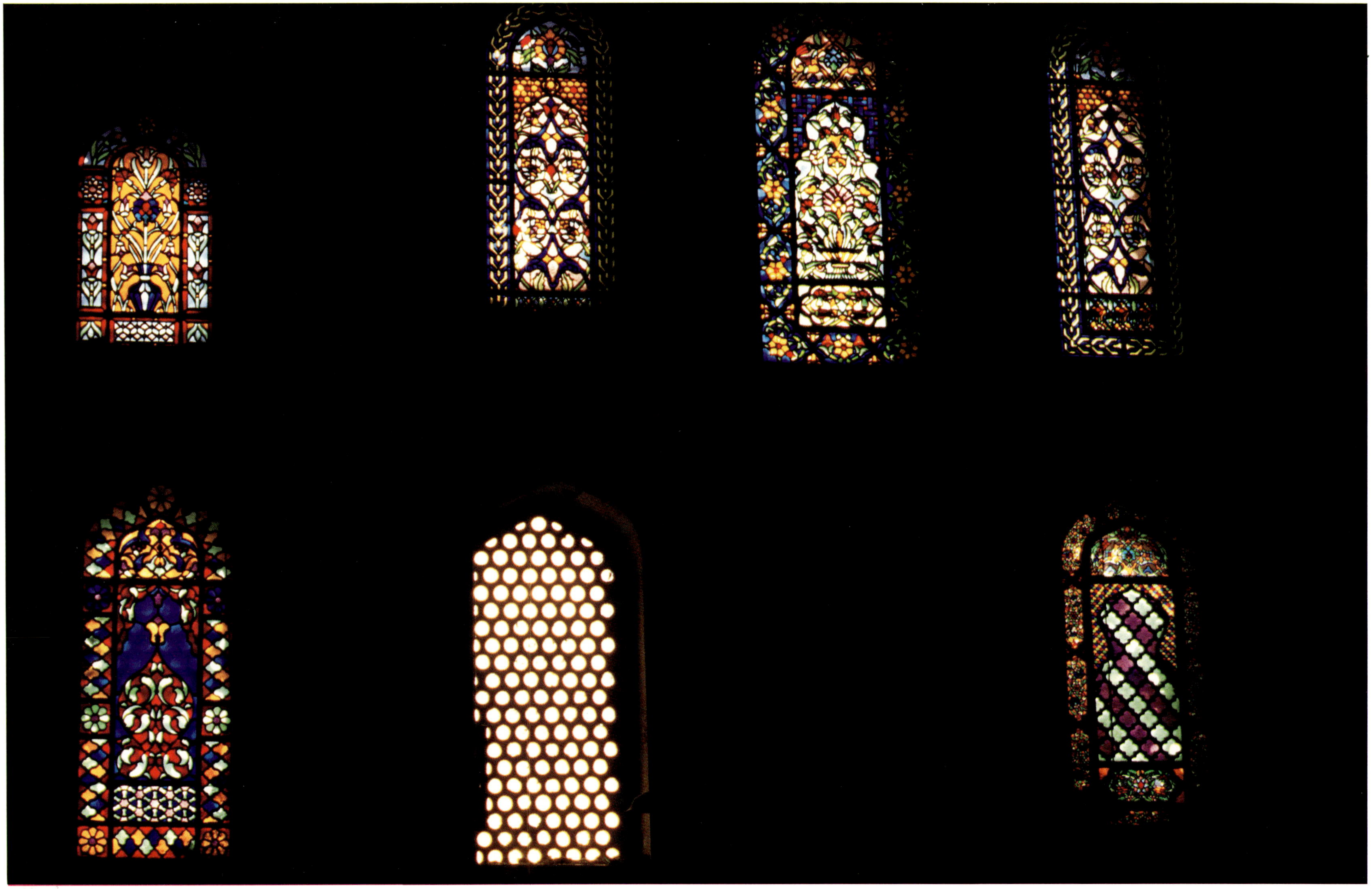

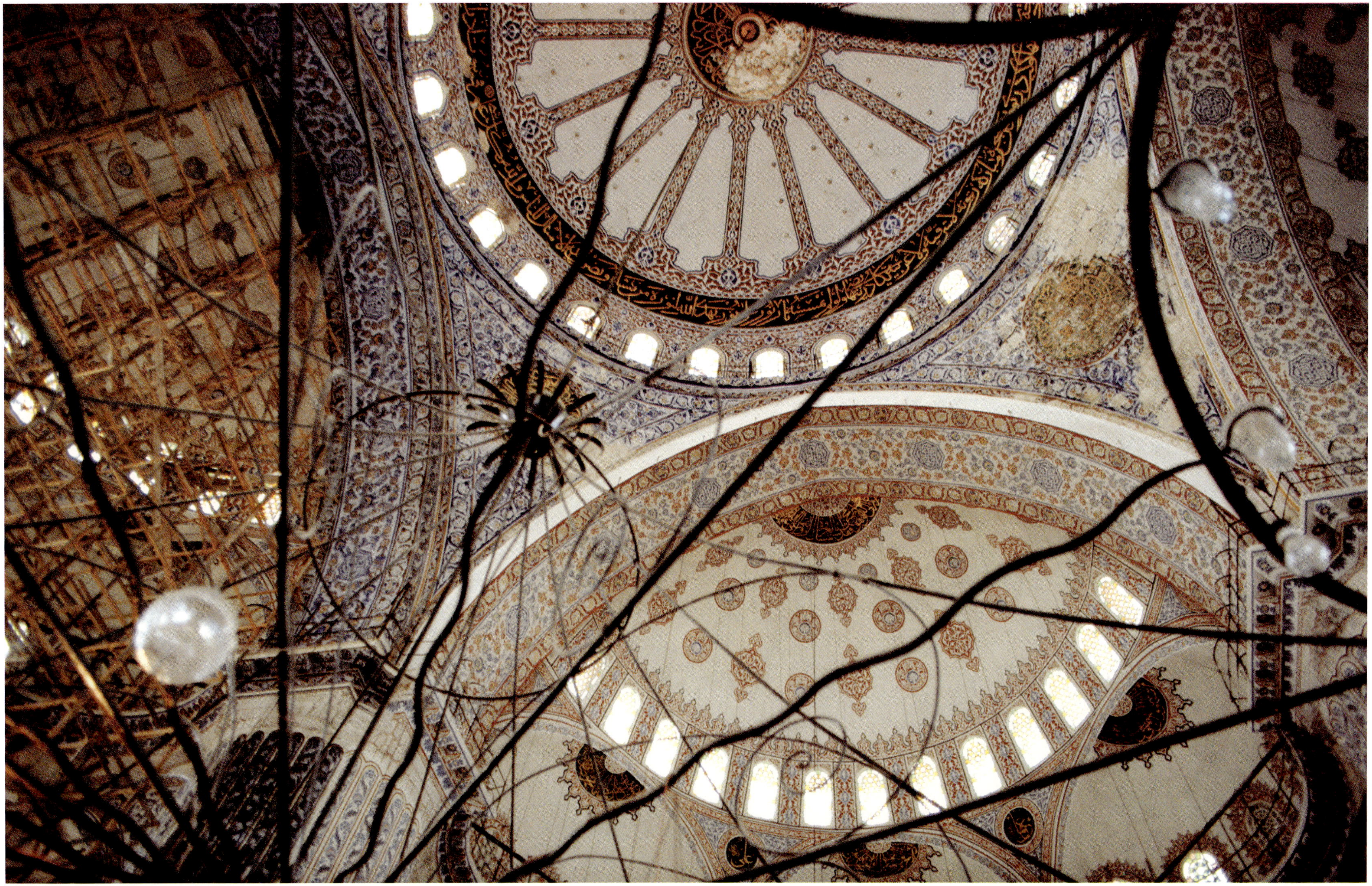

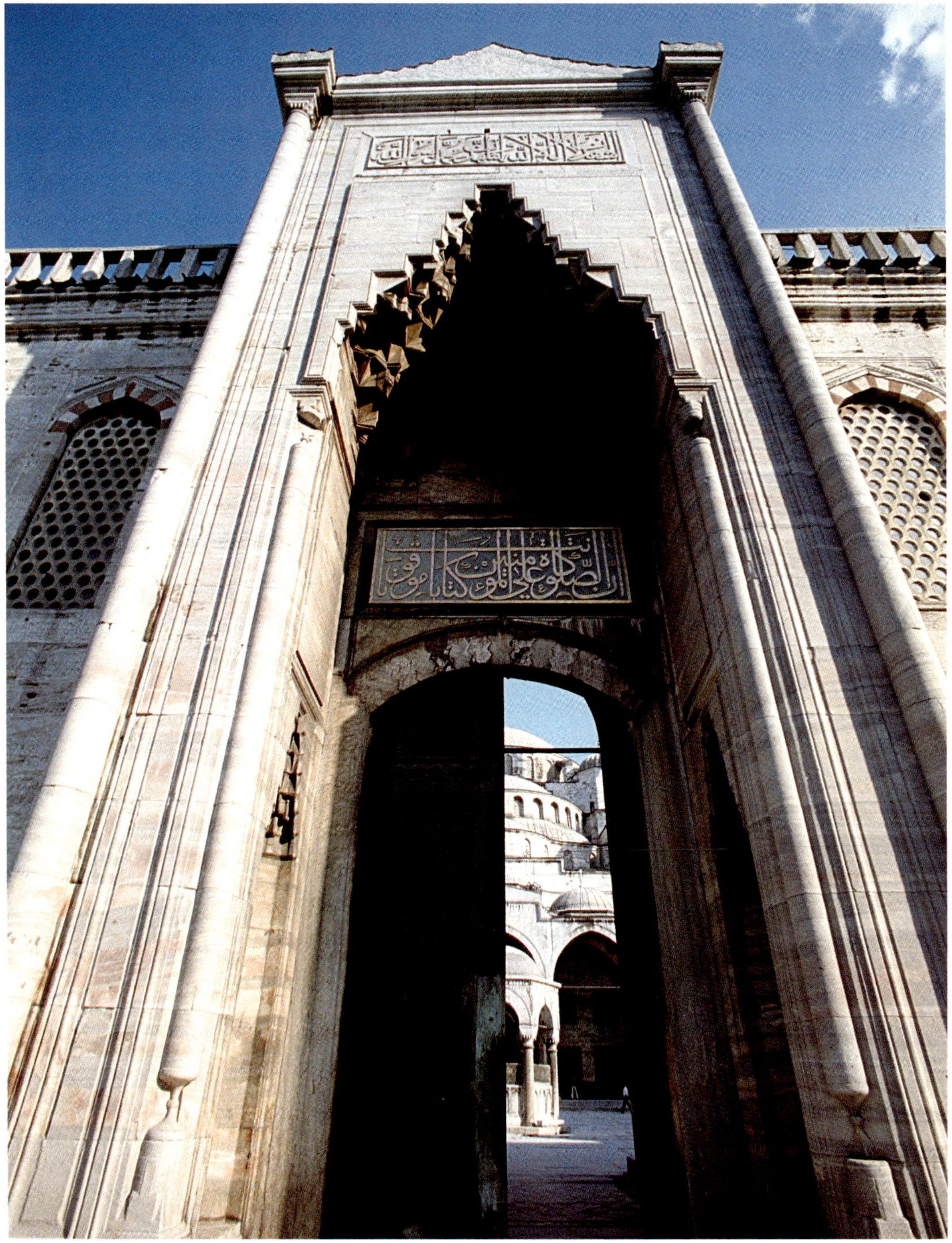

8

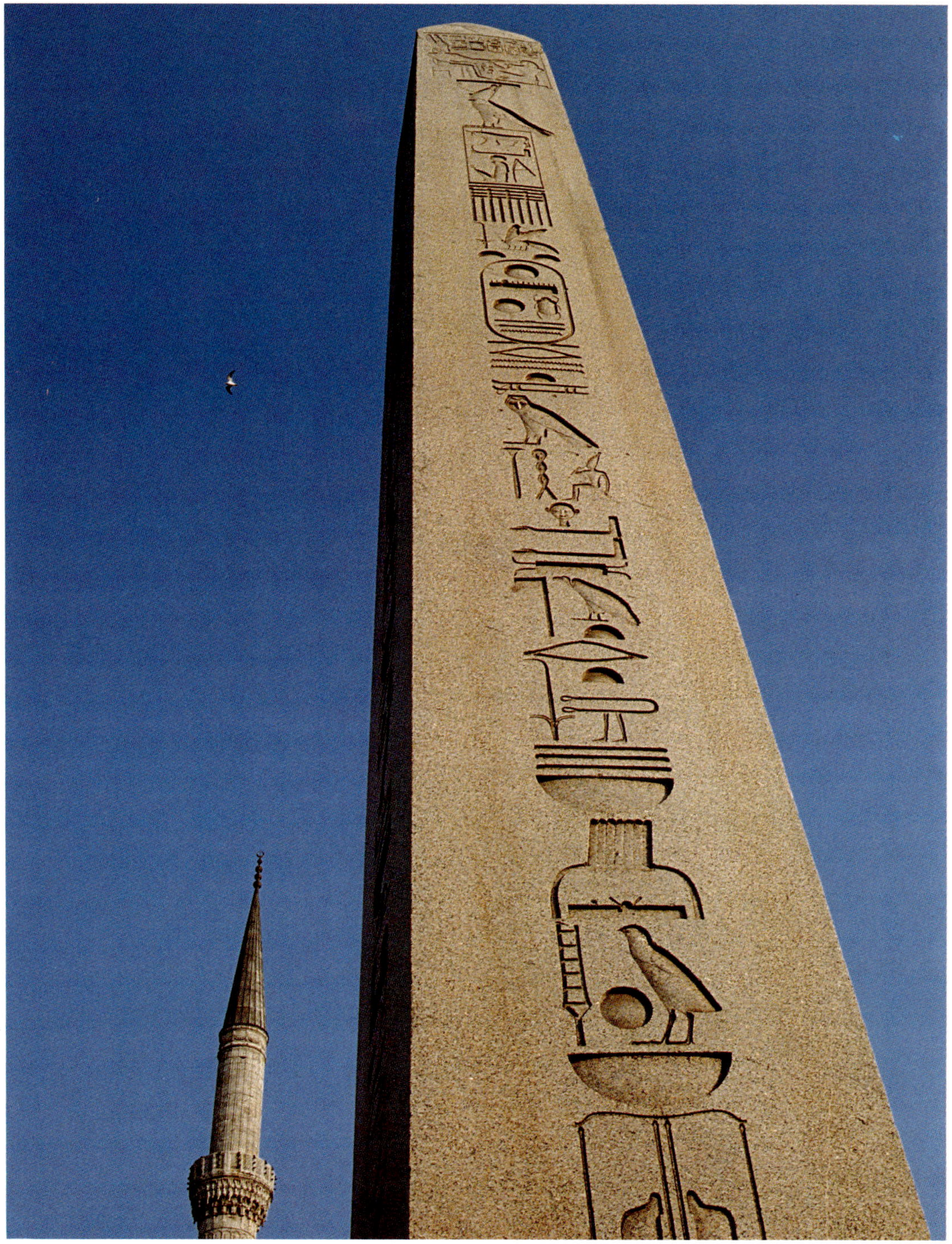

9

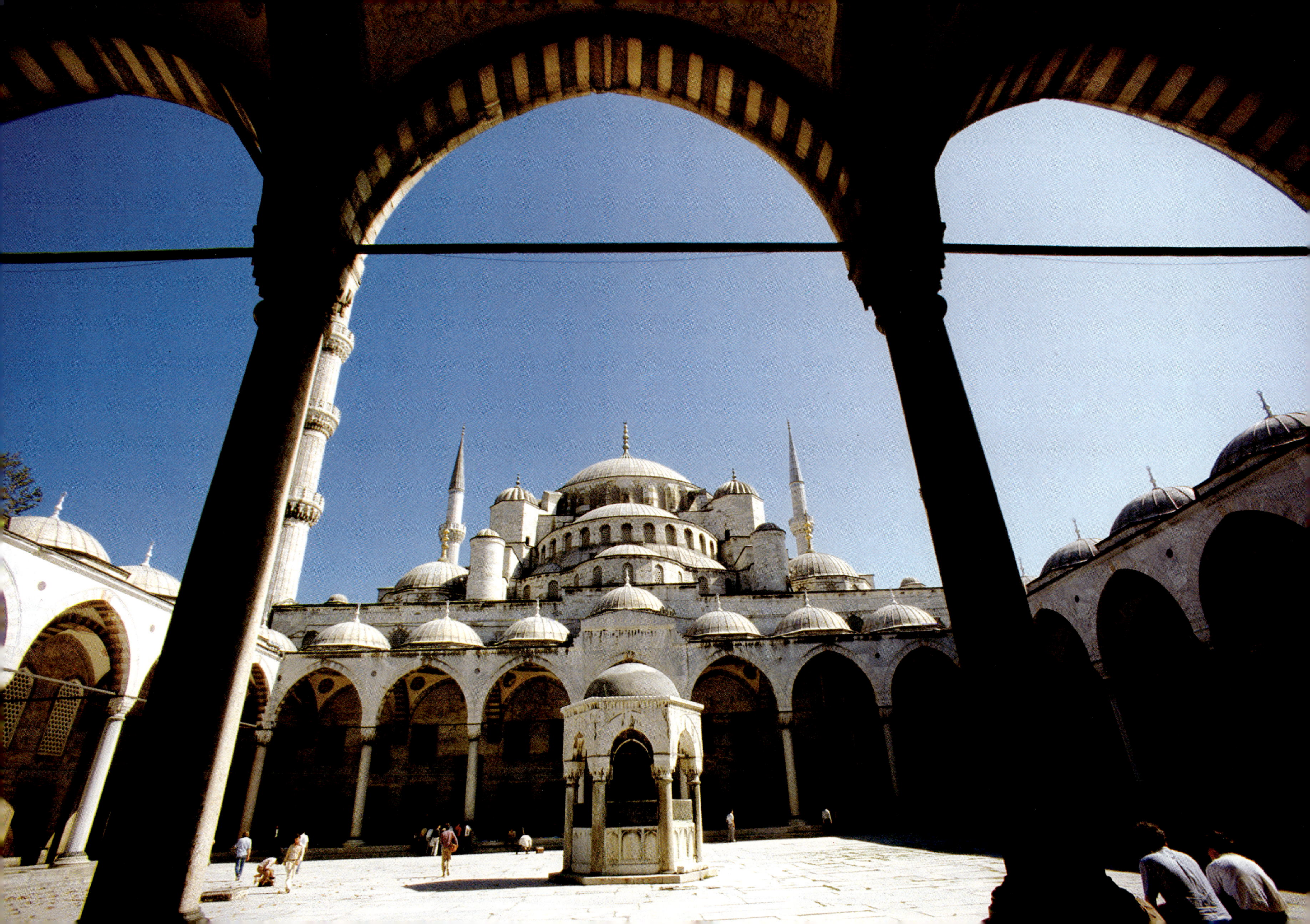

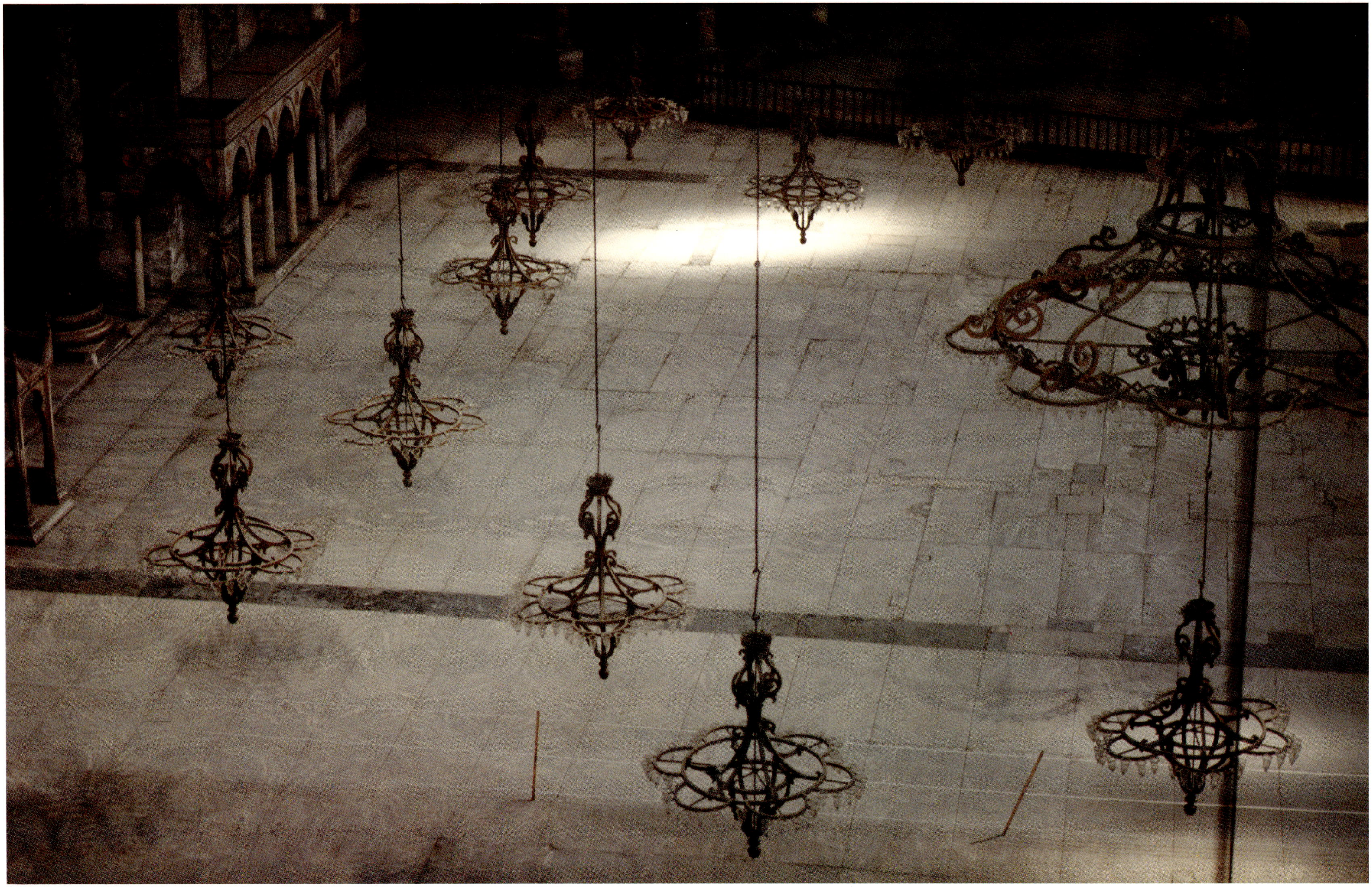

علي رضي الله عنه

13

14

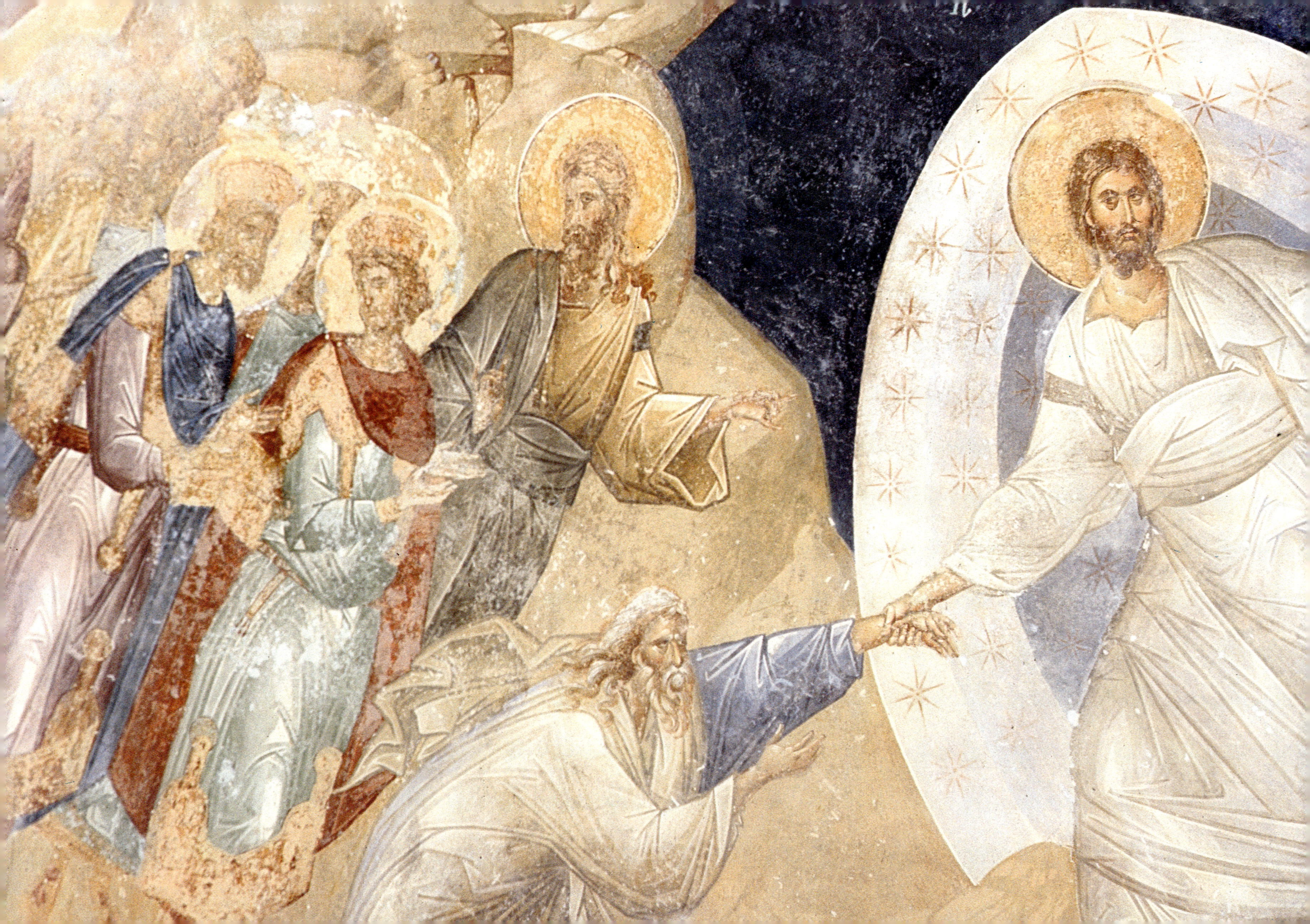

YE BANKASI
AKBANK
AKSİGORTA
TÜRKİYE
İMAR
BANKASI
VAKIFLAR
BANKASI
YAPI ve KRE
BANKASI
POSTALIA
OERLIKON
TÜRK
TİCARET
BANKASI
T.C. ZİRAAT BANKASI
PEPS
TÜRKİYE
BANKASI
AKBANK

TÜRKİYE
İŞ
BANKASI
YAPI KREDİ
POLİS
TÖBANK
TÜRK TİCARET BANKASI

18

19

20

21

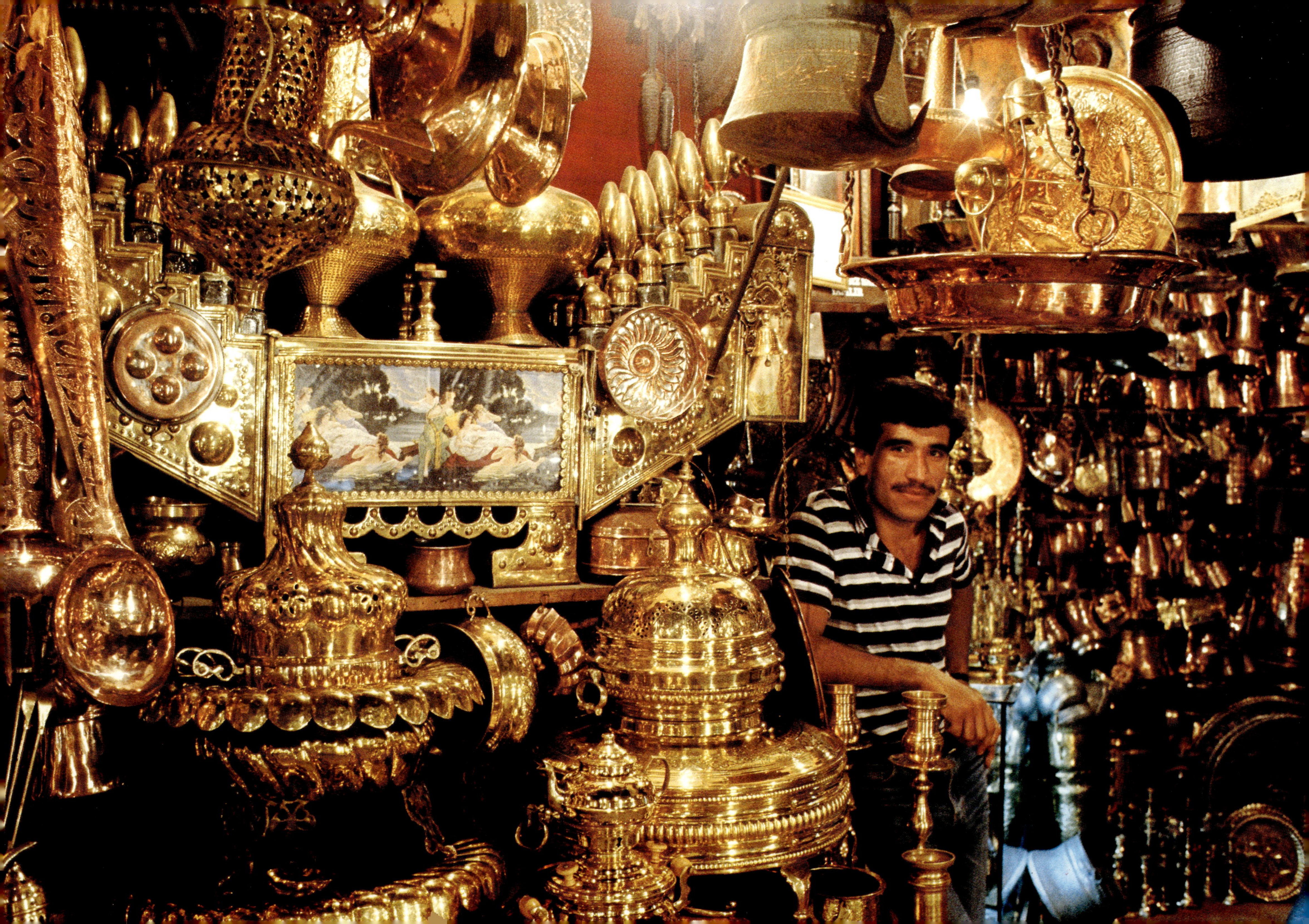

23
24

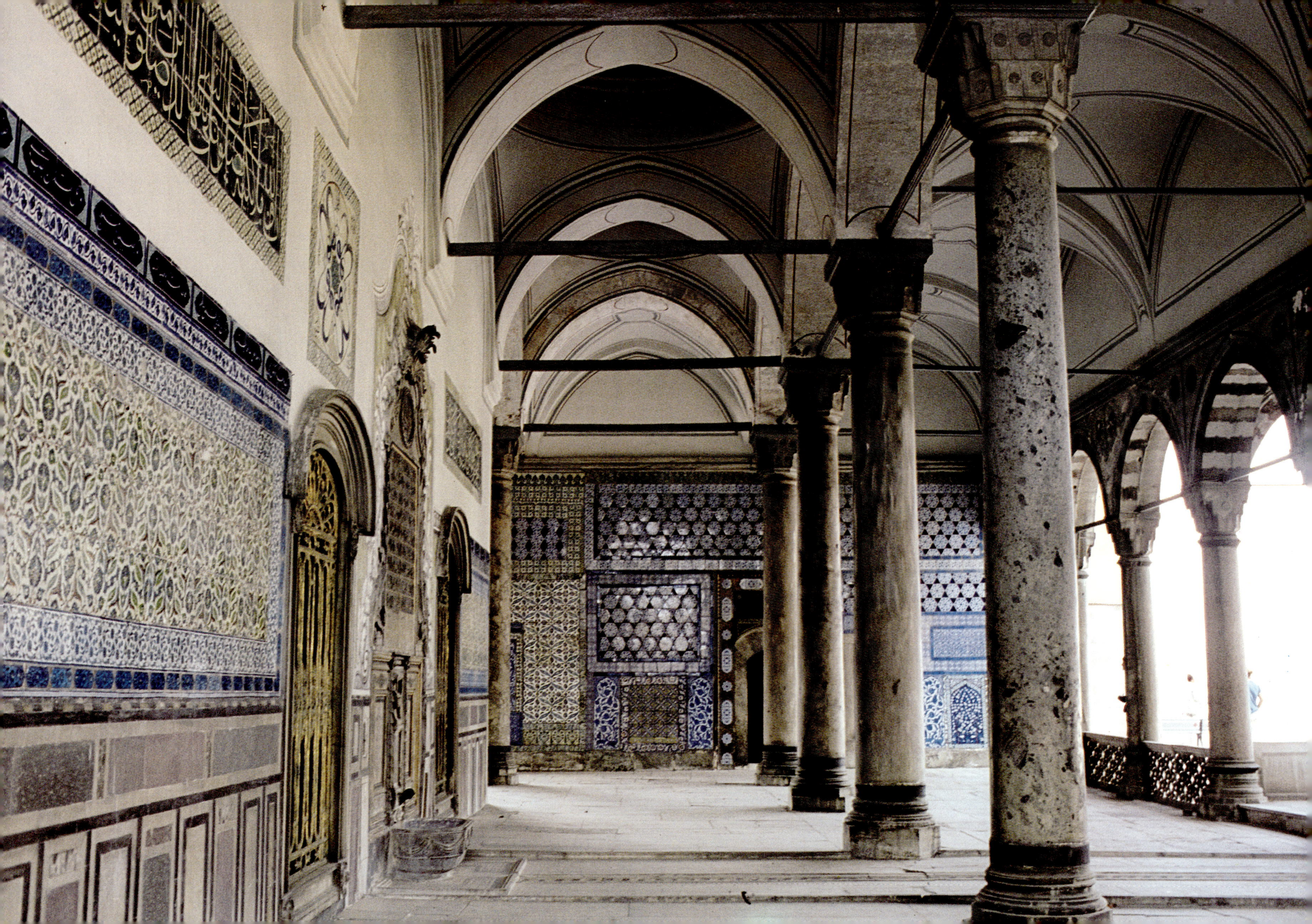

26

27

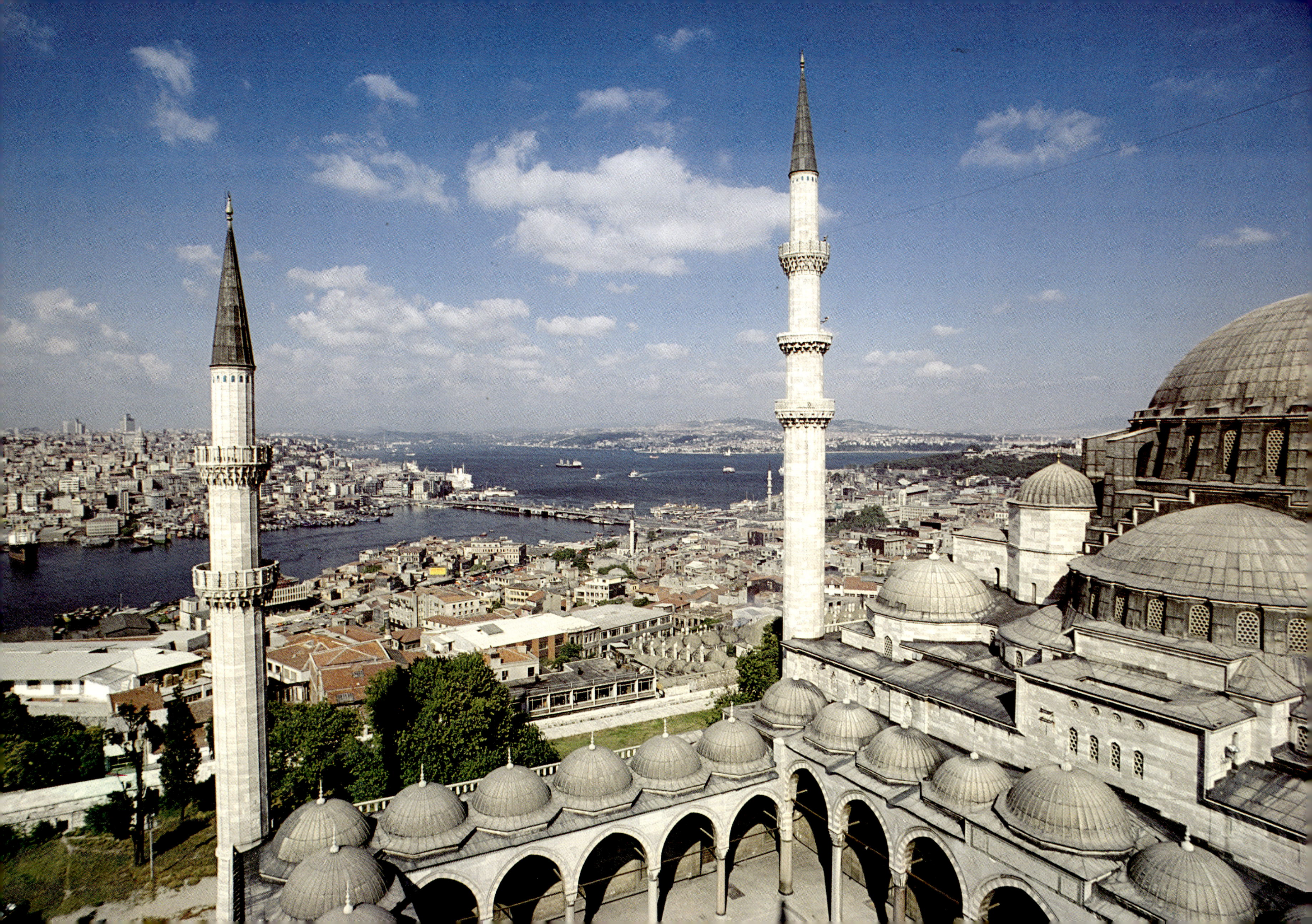

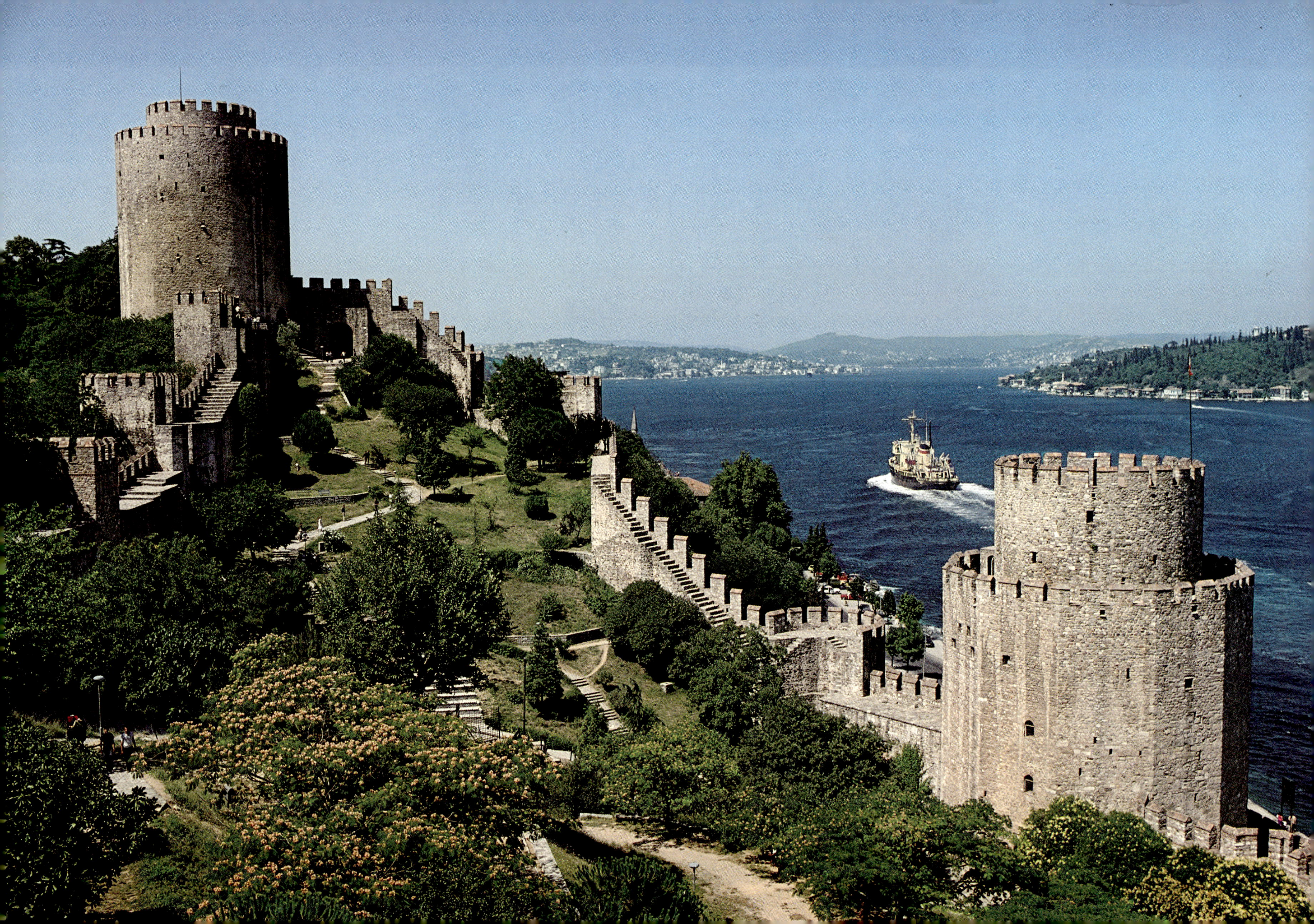

1. Istanbul: „Hier haben Gott und die Menschen, Natur und Kunst, gemeinsam den wunderbarsten Anblick geschaffen, den sich menschliche Vorstellung auf Erden ausdenken kann" (Alphonse de Lamartine, 1790–1869).
Die Türken verschönerten das Stadtbild wie mit einem Zauber, indem sie alle sieben Hügel der Altstadt mit einer prachtvollen Kuppelmoschee krönten. Das visionäre Bild eines zeitgenössischen türkischen Malers läßt alle Romantik wieder auferstehen und zeigt die Moscheen auf dem zweiten und dritten Hügel.

2. Die Sultan-Ahmet-Moschee, auch die „Blaue Moschee" genannt, ein Höhepunkt osmanischer Baukunst (Baumeister Mehmet Ağa), ließ der friedliebende Sultan Ahmet I. zwischen 1609 und 1616 errichten. Durch die freie Lage auf dem ersten Stadthügel ist die osmanische „Külliye" erkennbar, das als soziales Zentrum vom Herrscher gestiftete Ensemble: Großes Bethaus mit Hof und Brunnen (Fließwasser für die umwohnende Bevölkerung), Schule (Medrese) und Bibliothek mit Leseräumen (Bildmitte) und das prunkvolle Grabmal des Stifters (rechts). Die dazugehörige Armenküche (Imaret) liegt unweit im Hintergrund, verdeckt von der 1871 erbauten Handelsakademie.

3–5. Eine Moschee ist ein zur Begegnung mit Gott bestimmter Raum, und der Mensch neigt sich bedeckten Hauptes zum Gebet, nachdem er sich von irdischem Schmutz befreit hat. Ob mit erlesenem Prunk ausgestattet wie die „Blaue Moschee" oder fast schmucklos wie simple Dorfmoscheen, dient jedes islamische Bethaus der inneren Sammlung und der Entspannung; sagt doch ein altes türkisches Scherzwort: „Der Mann, der fünf streitende Frauen zu Hause hat, verbringt den Abend in der Moschee!"
Kostbare Teppiche bedecken den Steinboden der „Blauen", Spenden frommer Bürger; das staubige Schuhwerk bleibt vor dem Eingang der Moschee oder darf in besonderen Behältnissen abgestellt werden.

6, 7. Die vielen farbigen Glasfenster und der gefilterte Lichteinfall lassen die bedeutendste künstlerische Kostbarkeit der „Blauen" kaum zur Wirkung kommen – die 6 m hohe Bekleidung der Innenwände mit erlesenen Fayence-Kacheln mit Blüten- und Ornament-Kompositionen in vorwiegend blauen Tönen auf milchweißem Grund.
Über vier mächtigen Rundpfeilern steigt die 43 m hohe Zentralkuppel auf, anmutig von Halbkuppeln in den vier Himmelsrichtungen getragen. Geschickt verteilte Freskenbemalung verstärkt den Eindruck der Leichtigkeit, des Aufstrebens und einer porzellanhaften Zartheit eines Großraumes, dessen Wände meterdick sind.

8–10. Stalaktiten-Motive, traditionelles Schmuckelement islamischer Bauten an Torbögen, Nischen und Säulenkapitellen und girlandenartig an den Umgängen der schlanken osmanischen Minarette („Blaue Moschee").
Der ägyptische Obelisk (Bild 9) auf dem At Meydanı wurde unter Tutmosis III. für den Tempel von Karnak geschaffen (1505–1450 v. Chr.) und kam rund 1900 Jahre später unter Kaiser Theodosius zur Ausschmückung des Hippodroms nach Konstantinopel. Er steht noch immer, selbsttragend, auf vier Bronzewürfeln, die auf einem 6 m hohen Sockel ruhen; wie die technisch schwierige Aufstellung des 20 m hohen Monolithen mit Seilzügen bewältigt wurde, zeigt eine Reliefdarstellung am Fuß des Sockels.

11, 12. Als er den Bau der Hagia Sophia anordnete, hatte Kaiser Justinian (527–565) gewünscht, daß die „Große Kirche" zum prächtigsten Gotteshaus seit der Schöpfung werde. Bis heute ist sie ein ehrwürdiges Gotteshaus, seit fast 1500 Jahren ein sakrales Bauwerk. Sie war der „Heiligen Weisheit" gewidmet, und göttliche Weisheit ist das Wort Gottes. Seit sie 1453 Hauptmoschee des Osmanischen Reichs wurde, diente sie der göttlichen Weisheit in einer anderen Ausformung, der Verkündung des Koran, und seit rund 50 Jahren ist sie „Sakrales Museum".
Kostbarste Baumaterialien hatte Kaiser Justinian aus allen Provinzen des Reichs heranschaffen lassen; der Legende nach ließ er mächtige Säulen von Tempeln in Baalbeck und Ephesos kommen, und die Bodenplatten sollen aus dem bayrischen Solnhofen stammen.

13–15. Unweit des Edirne-Tors, heute elegante Fußgängerpassage durch die byzantinische Doppelmauer, liegt ein Schatzkästchen byzantinischer Mosaikenkunst und Freskenmalerei, die Chora-Kirche (heute Museum Kahrıye Camii).
Hunderte edler und eindrucksvoller Figuren und Szenen aus dem Alten und Neuen Testament überziehen Gewölbe, Lünetten und Bögen. Staunenswert ist die Fertigkeit der Meister der letzten Kunstblüte Konstantinopels (13. und 14. Jahrhundert), deren herrliche Bilderzyklen wohl die strengen Regeln der Ikonographie einhalten, aber eine Hinwendung zu dramatischem Ausdruck und lockerer Bewegungsgestaltung zeigen.

16, 17. Konstantinopel war fast ein Jahrtausend lang Metropole und Welthafen und ist es heute, als Istanbul, weiter seit mehr als 500 Jahren. Dem Gewimmel der Segel- und Ruderboote im Naturhafen Goldenes Horn folgten die modernen Dampfer, die seit über 100 Jahren profane und sakrale Bauten mit ihren Rauchwolken verschmutzen. Es ist das Schicksal Istanbuls, im malerischen Stadtzentrum einen von Geschäftigkeit überquellenden internationalen Hafen mit all seinem Schmutz zu bergen.

18–22. Der „Große Basar" von Istanbul heißt richtig „Kapalı Çarşı", aber die Istanbuler haben sich daran gewöhnt, daß die Ausländer nach dem „Basar" fragen, denn im Türkischen ist jedes kleine Geschäft ein „Pazar"! Die sich vom Goldenen Horn durch mehrere Stadtteile zum zweiten Hügel hinaufziehende Anlage wurde von Sultan Mehmed II., dem Eroberer Konstantinopels, um 1461 gegründet, nicht nur als Handelsplatz, sondern auch als Gewerbezentrum, in dem die verschiedenen Handwerkszweige in separaten, überwölbten Straßenzügen untergebracht waren, dort produzieren und miteinander wetteifern konnten. Die bürgerliche Istanbuler Welt besucht den „Basar" höchstens mit ausländischen Gästen; dort ist die Einkaufswelt der unteren Schichten, der Bevölkerung der ländlichen Vororte, der Bauern aus Anatolien, die auf Besuch in der Stadt sind, und – natürlich – der ausländischen Touristen, die dem Charme der Straßen der Goldschmiede und der Geschäfte mit Lederbekleidung und Souvenirs erliegen.

Sehr romantisch und als vielkuppliges altes Bauwerk mitten im „Basar" erhalten, ist der „Bedesten", wo die Teppich- und Antiquitätenhändler konzentriert sind. Kaum eine der dort angebotenen Ikonen ist wertvoll; die meisten Kupfergefäße, die man sieht, sind neu oder aus alten Teilen zusammengelötet, aber in den Teppichgeschäften kann auch der verwöhnteste Experte prachtvolle Exemplare finden.

23, 24. Topkapı Sarayı, der Sultanspalast von Istanbul, besitzt einmalige Kunstsammlungen aus rund sieben Jahrhunderten (z. B. eine Sammlung chinesischen Porzellans) und atemberaubende Schatzkammern. Es sind nicht Größe und Kostbarkeit von Smaragden, Brillanten oder Rubinen, die den Beschauer berühren, sondern die Tatsache, daß die reich verzierten, wertvollen Gerätschaften, Schmuckstücke, Waffen usw. als jahrhundertealte Kunstwerke erhalten sind.

Der Dolch auf Bild 23 wurde durch den Film „Topkapı" weltberühmt; sein materieller Wert wird weit übertroffen von der geschmackvollen, eleganten Ausführung, wie z. B. der zierlichen Blumenkomposition, die in Email auf der Scheide aufgearbeitet ist. Auf Bild 24 ist ein altes Meisterwerk der Juwelierkunst zu sehen; die Kolbenform des Bergkristallkörpers wurde vom Goldschmied in die überlieferte „Ibrik"-Form verwandelt und zur Ausschmükkung wurden prächtige Edelsteine inkrustiert, deren Anordnung die traditionelle Ornamentik alter gehämmerter Kupferkannen nachvollzieht.

25. Repräsentative Säulenhalle im inneren Bereich des Sultanspalastes Topkapı, der der Herrscherfamilie vorbehalten war; nur besonders ausgezeichnete in- und ausländische Würdenträger wurden dort vom Sultan empfangen. Meisterliche türkische Fayence-Kacheln des 16. Jahrhunderts (Iznik) verleihen den Wänden einen sanften Schimmer. Rechts liegt die Kammer mit den höchsten Heiligtümern, die die osmanischen Herrscher als Kalifen der islamischen Welt (1517–1924) in Obhut hatten: u. a. sind der berühmte Mantel des Propheten Mohammed, zwei seiner edelsteinbesetzten goldenen Schwerter und sein heiliges Banner zu sehen.

26. Blick über die sogenannte Harem-Abteilung des Sultanspalastes, die Residenz des Herrschers und die Privaträume der Familie. Seit dem 15. Jahrhundert wurde auf der Landspitze zwischen Goldenem Horn und Marmarameer ein kostbarer pavillonartiger Bau an den anderen gefügt; Innenhöfe und Gänge, mit Fayence-Kacheln ausgekleidet, führen durch das Labyrinth; die weißmarmornen Baderäume der Sultane vom 16. bis zum 18. Jahrhundert sind erhalten; die minarettartigen Türmchen sind verkleidete Kamine, und alle Räumlichkeiten sind mit kleinen oder größeren Kuppeln überdacht.

27, 28. Die größte Leistung der osmanischen Baumeister war die Verwirklichung der auf hohe Innenräume, zumeist große Moscheen, freitragend aufgesetzten Zentralkuppeln. Seit dem Bau der Hagia Sophia im 6. Jahrhundert war die Überkuppelung großer rechteckiger Räume nicht mehr bewältigt worden. Ein besonderes Glanzstück des größten osmanischen Baumeisters, Mimar Sinan, ist die Süleyman-Moschee (erbaut 1557), die vom dritten Hügel über die Galata-Brücke hinweg zum Bosporus und zu den Anhöhen der asiatischen Seite hinüberblickt. Die von Sultan Süleyman gestiftete Külliye umfaßt Schulanlagen, Studienräume, Quartiere und Ausspeisung für die Studenten, weitläufige Büchereien, eine große Armenküche und ein Hospiz auf einem Areal, das gut zwanzigmal so groß ist wie das Bethaus. Wegen des abschüssigen Geländes entlang des Goldenen Horns mußte mit Substruktionen eine riesige Terrasse geschaffen werden, um die harmonische Symmetrie der Großanlage zu ermöglichen.

29. Der Bosporus – der Wasserlauf vom Schwarzen Meer zum Marmarameer, quer durch Istanbul, geographisch gesehen die Trennlinie zwischen Europa und Asien – ist nach wie vor von großer strategischer Bedeutung und ein wichtiger internationaler Schiffahrtsweg, besonders für die Erdöltransporte der Ostblockländer.

Die Festung Rumeli Hisar am europäischen Ufer ließ Mehmed II. im Jahr 1452 als Stützpunkt für die Eroberung von Konstantinopel anlegen, die ihm nach sechswöchiger Belagerung gelang.

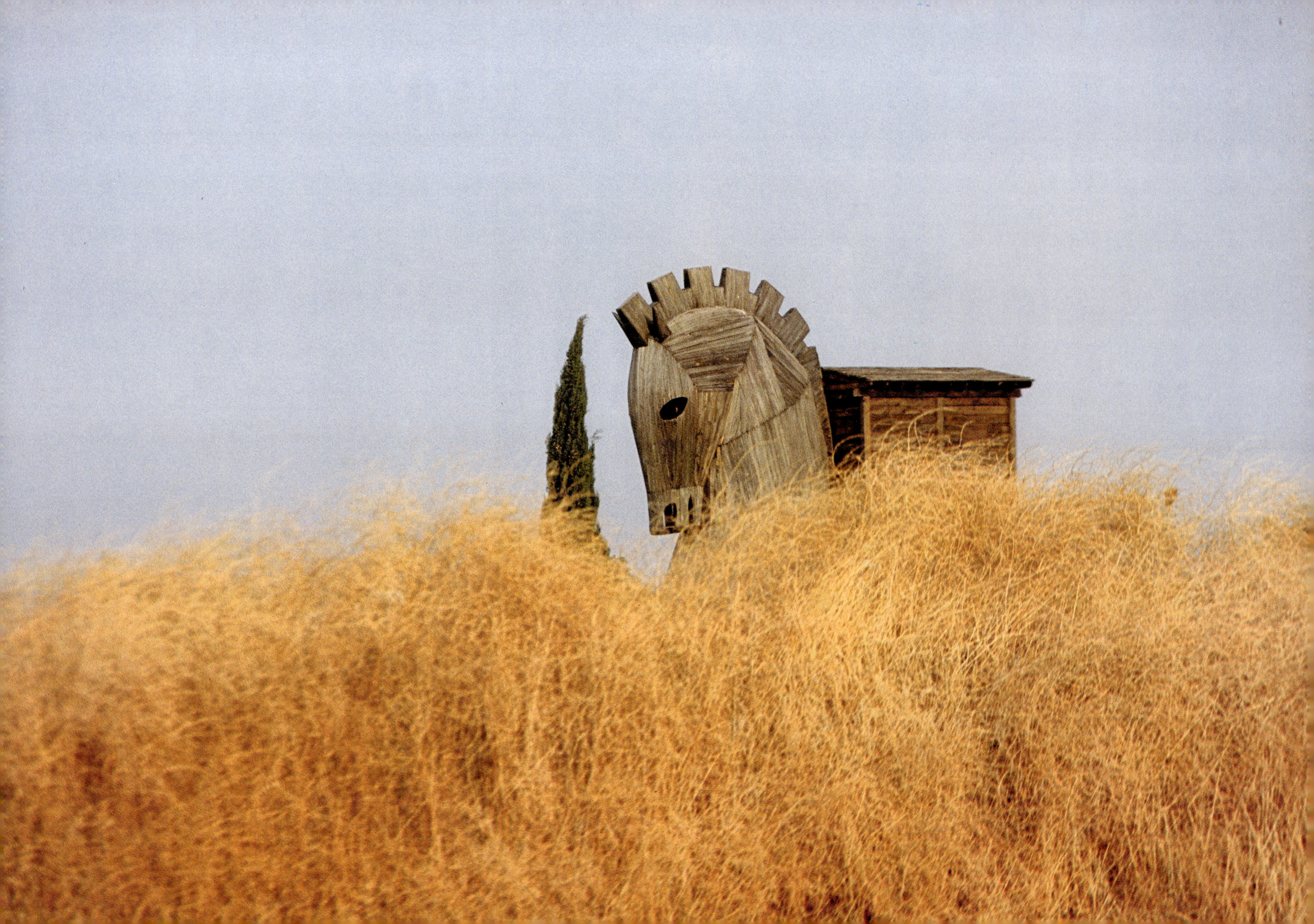

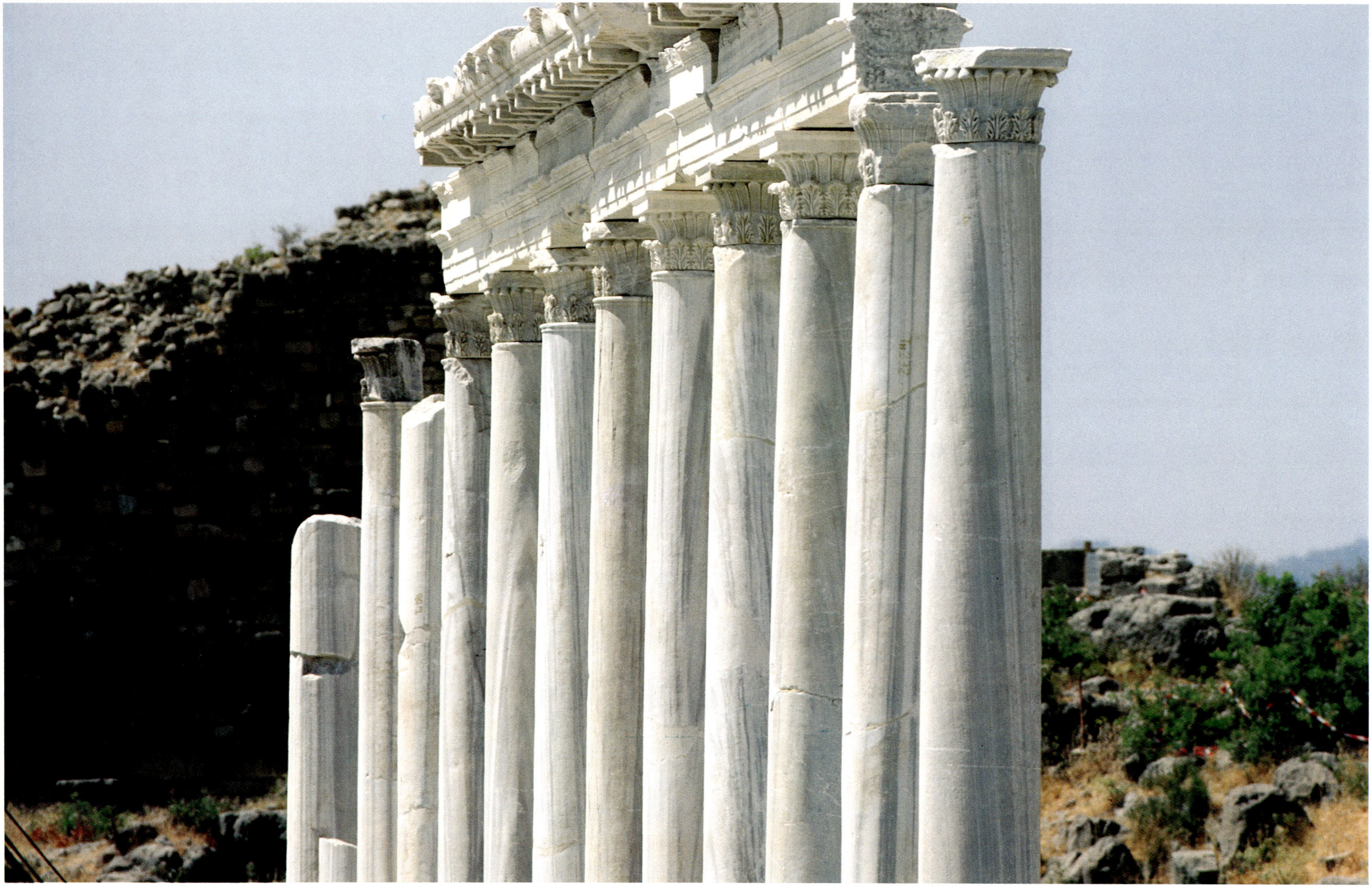

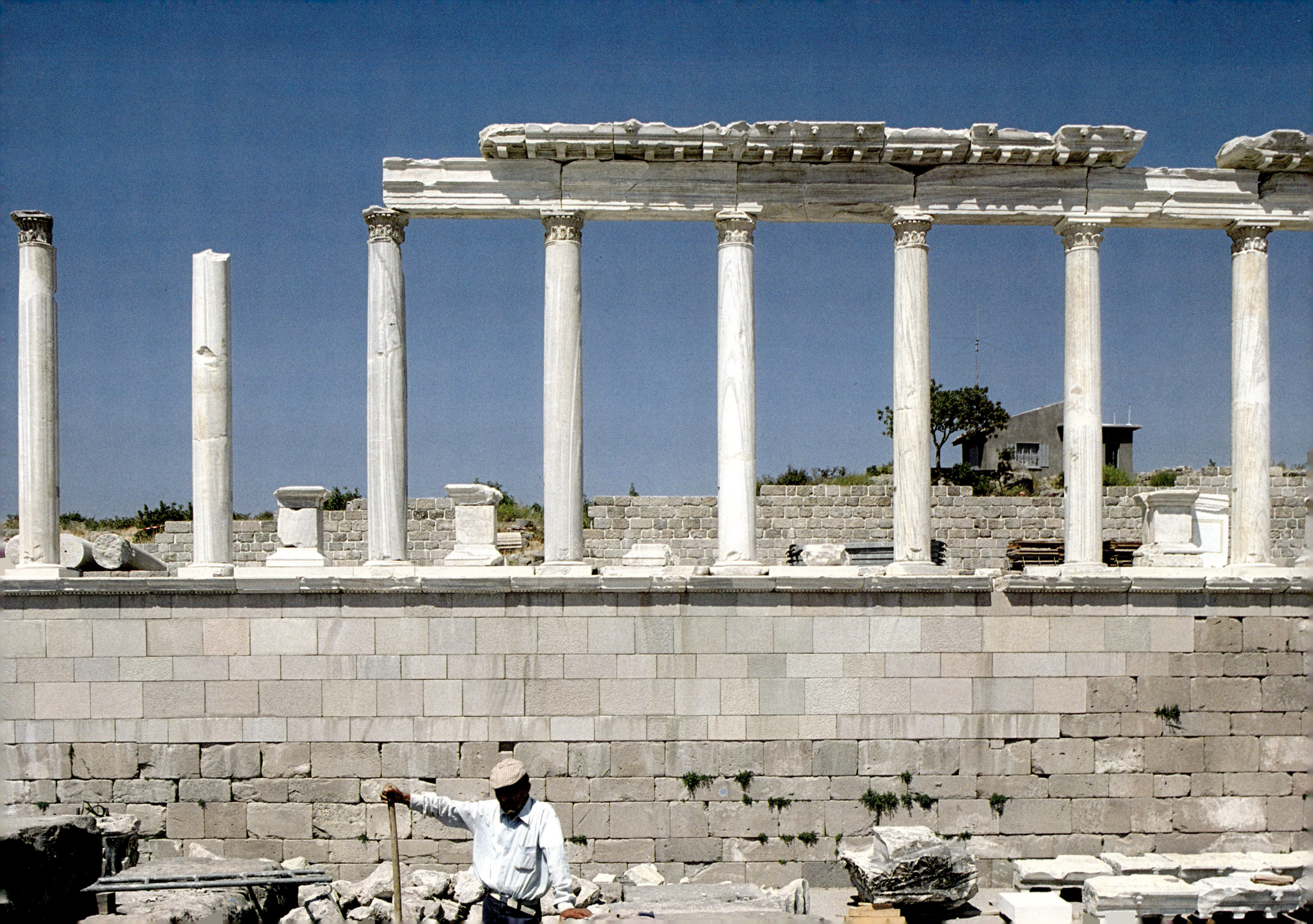

33

YÜCE De SAAT: 8.00
CASUS AVCILARI
OBSESSIONS
ALEXNDRA STEWART
TUAL
RENKLİ TÜRKÇE
CINEMASCOPE
MAGAZIN A MANGER - ÜNLÜ GIDA

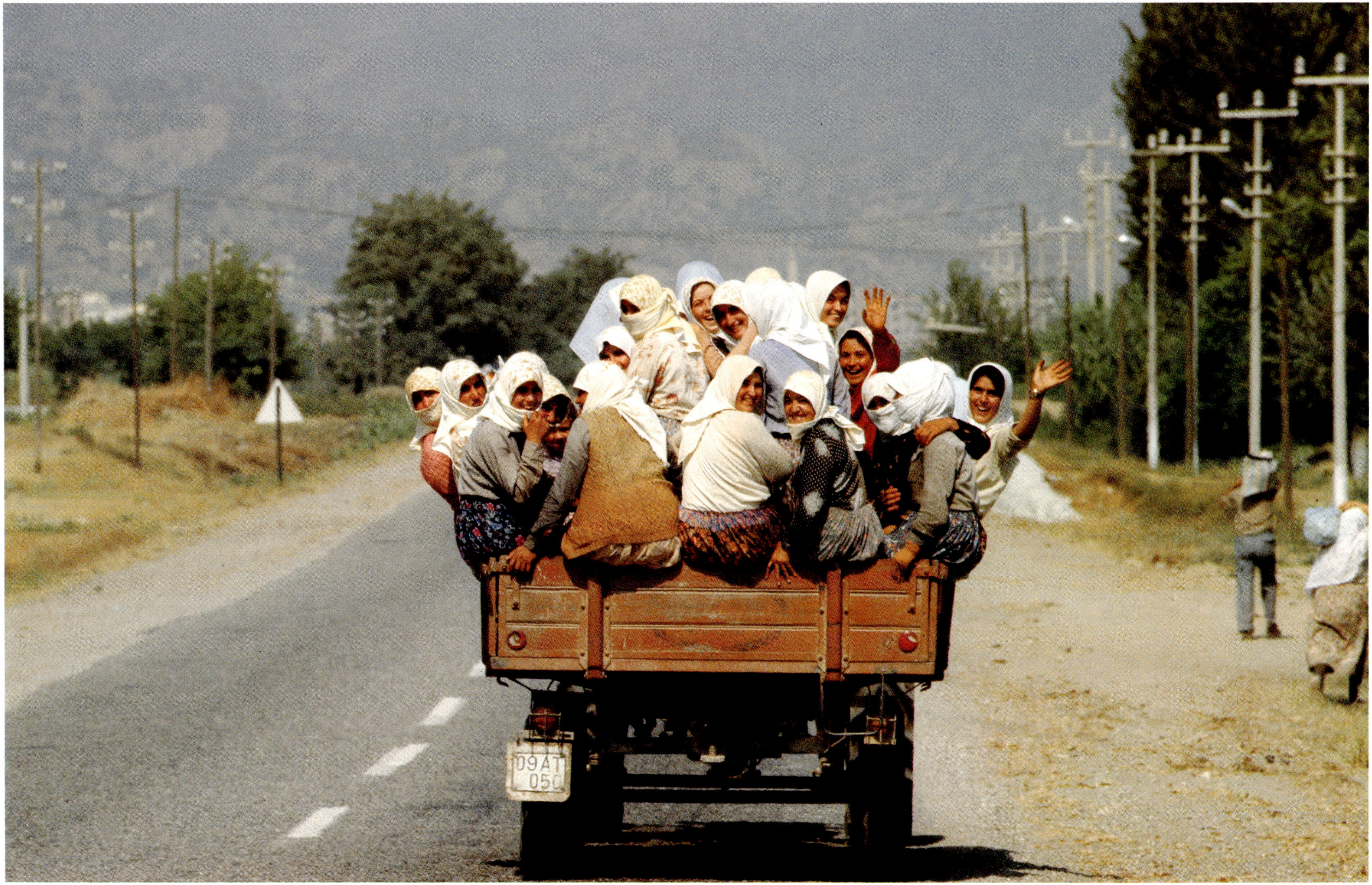
09 AT
050

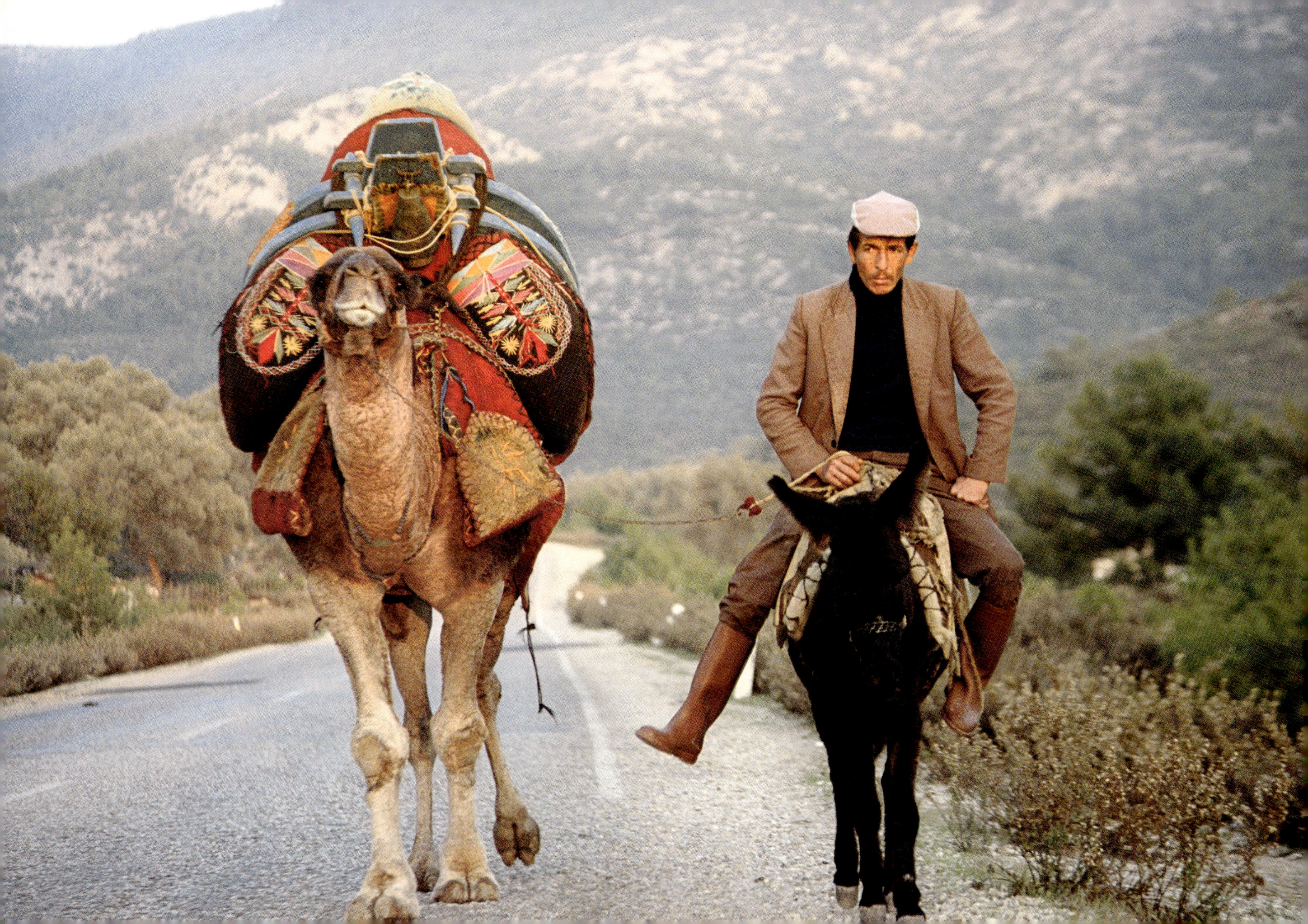

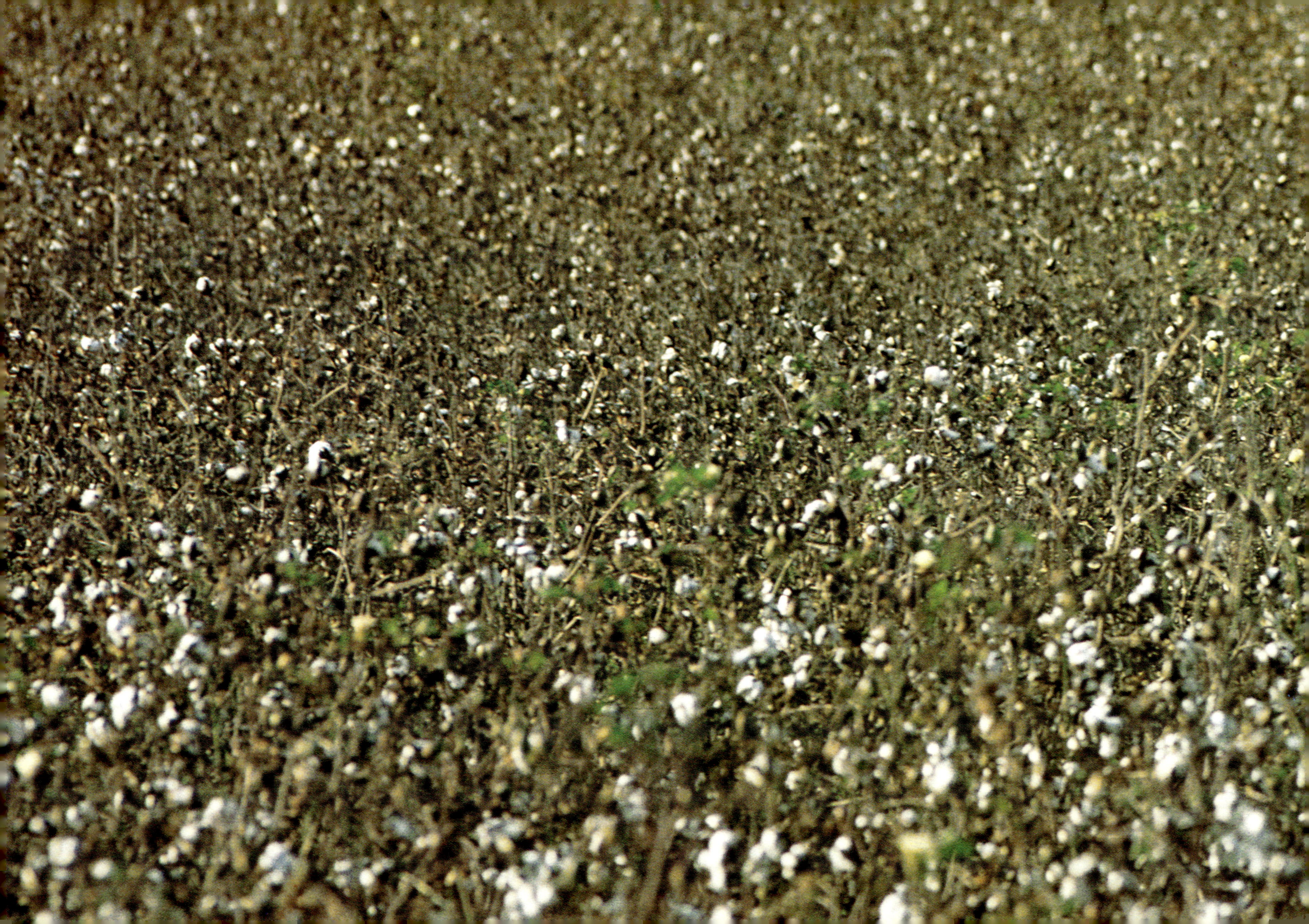

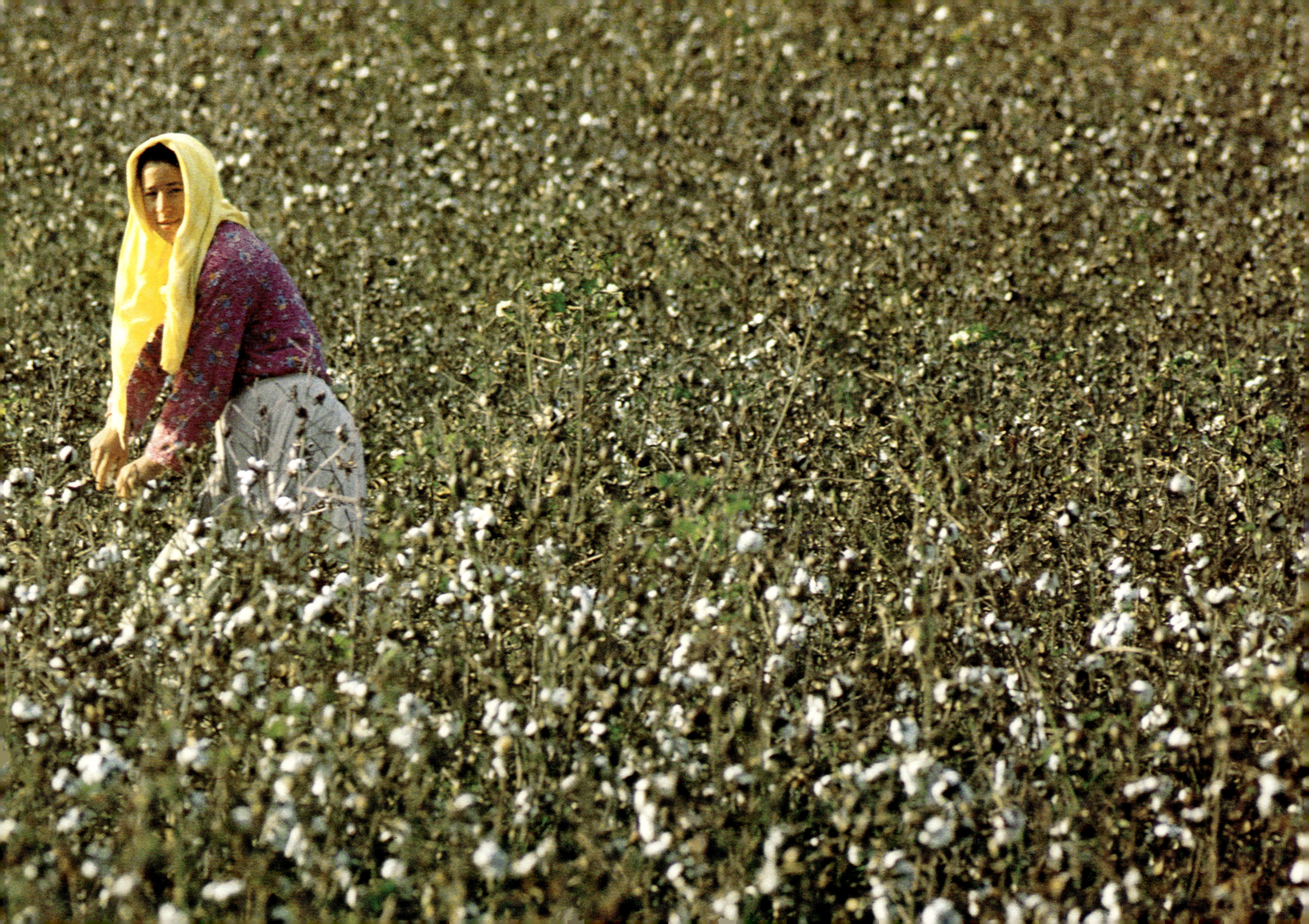

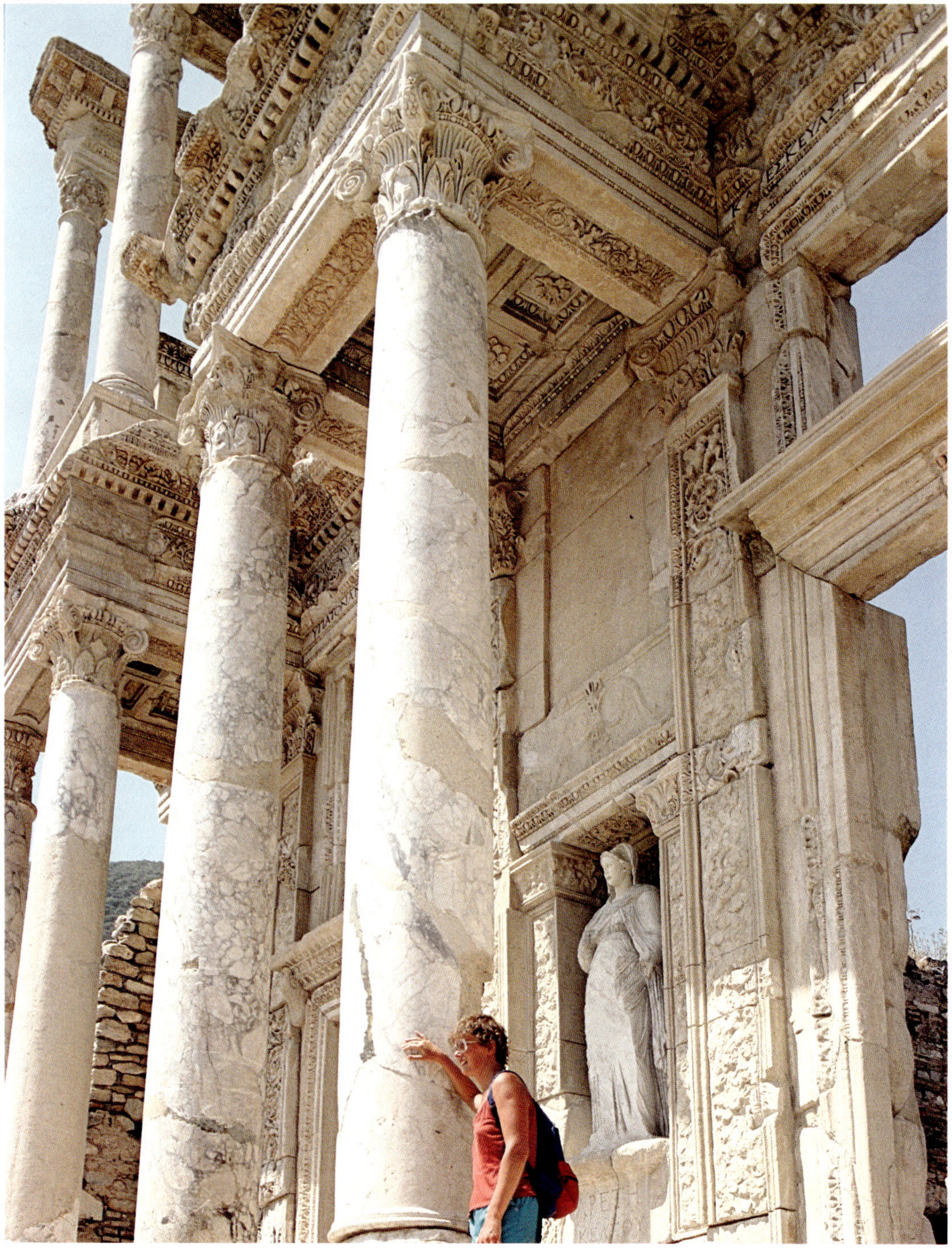

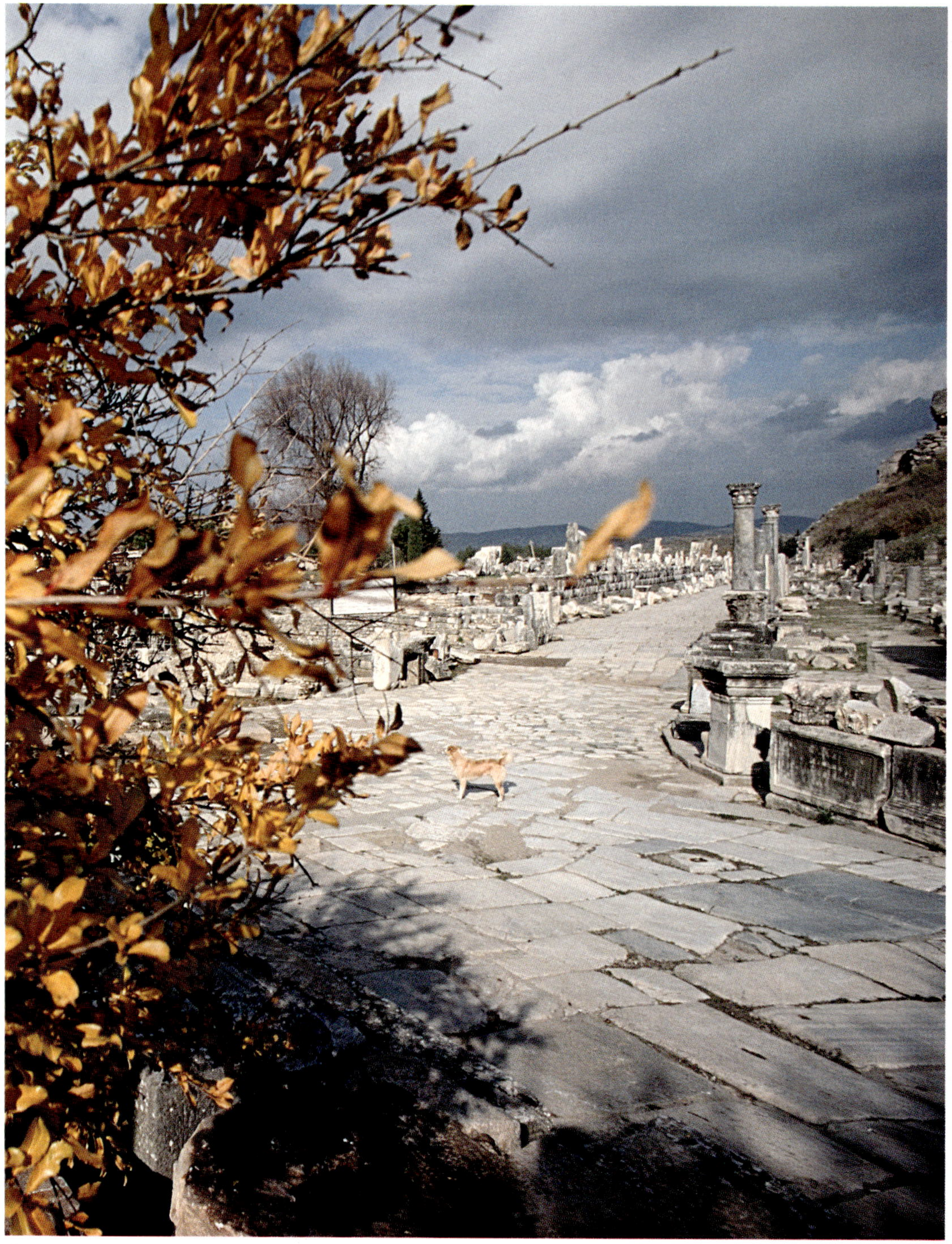

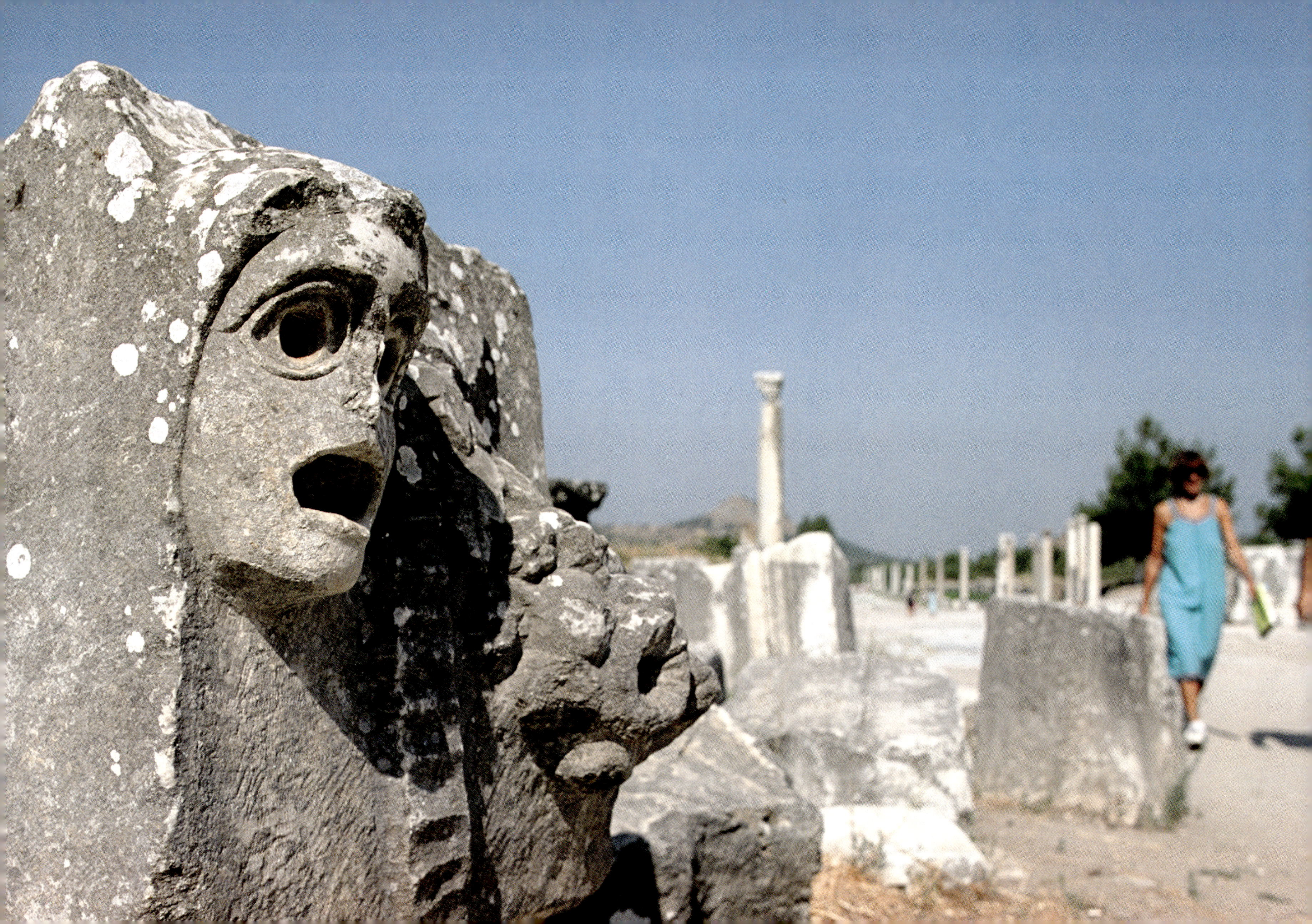

41

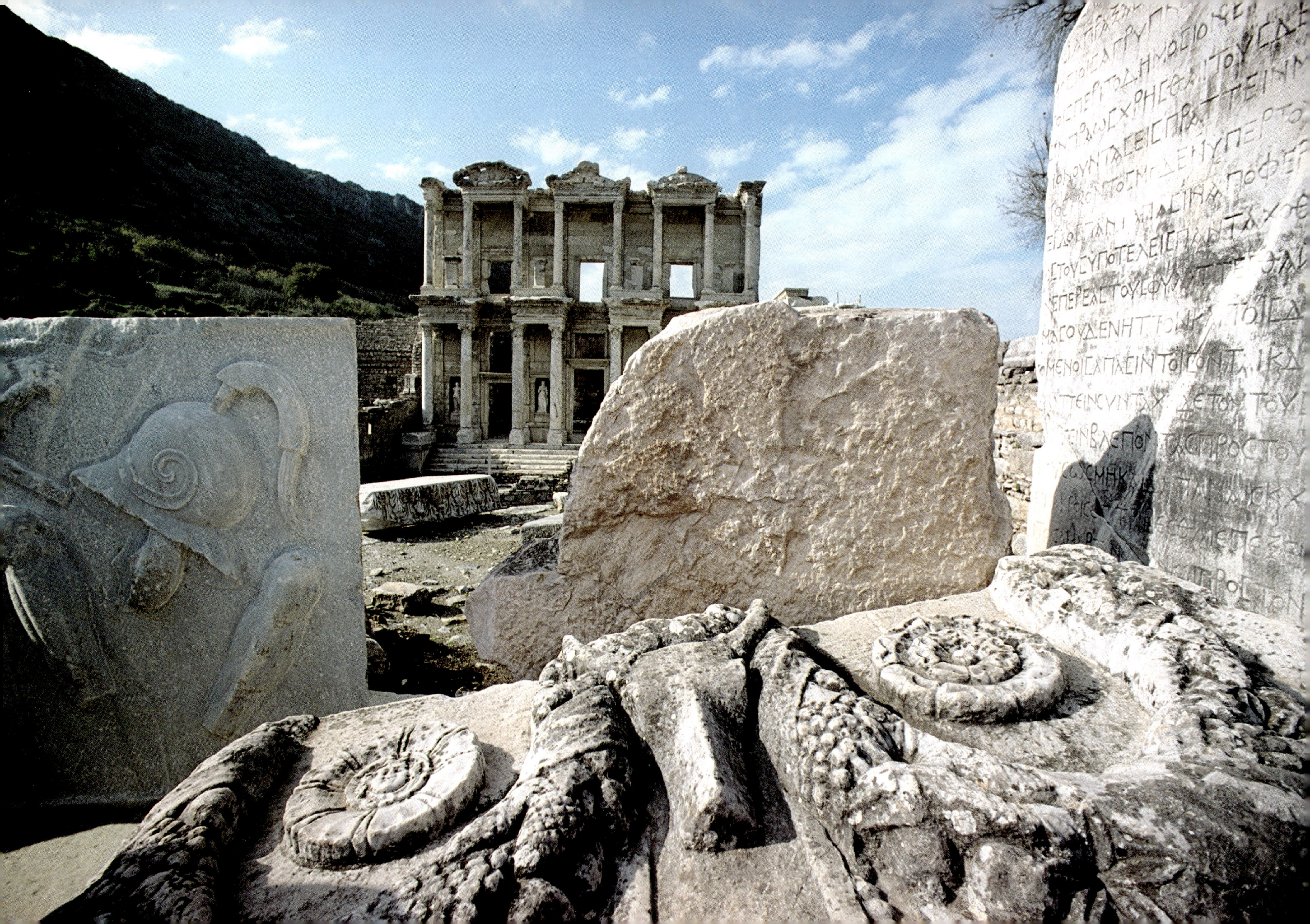

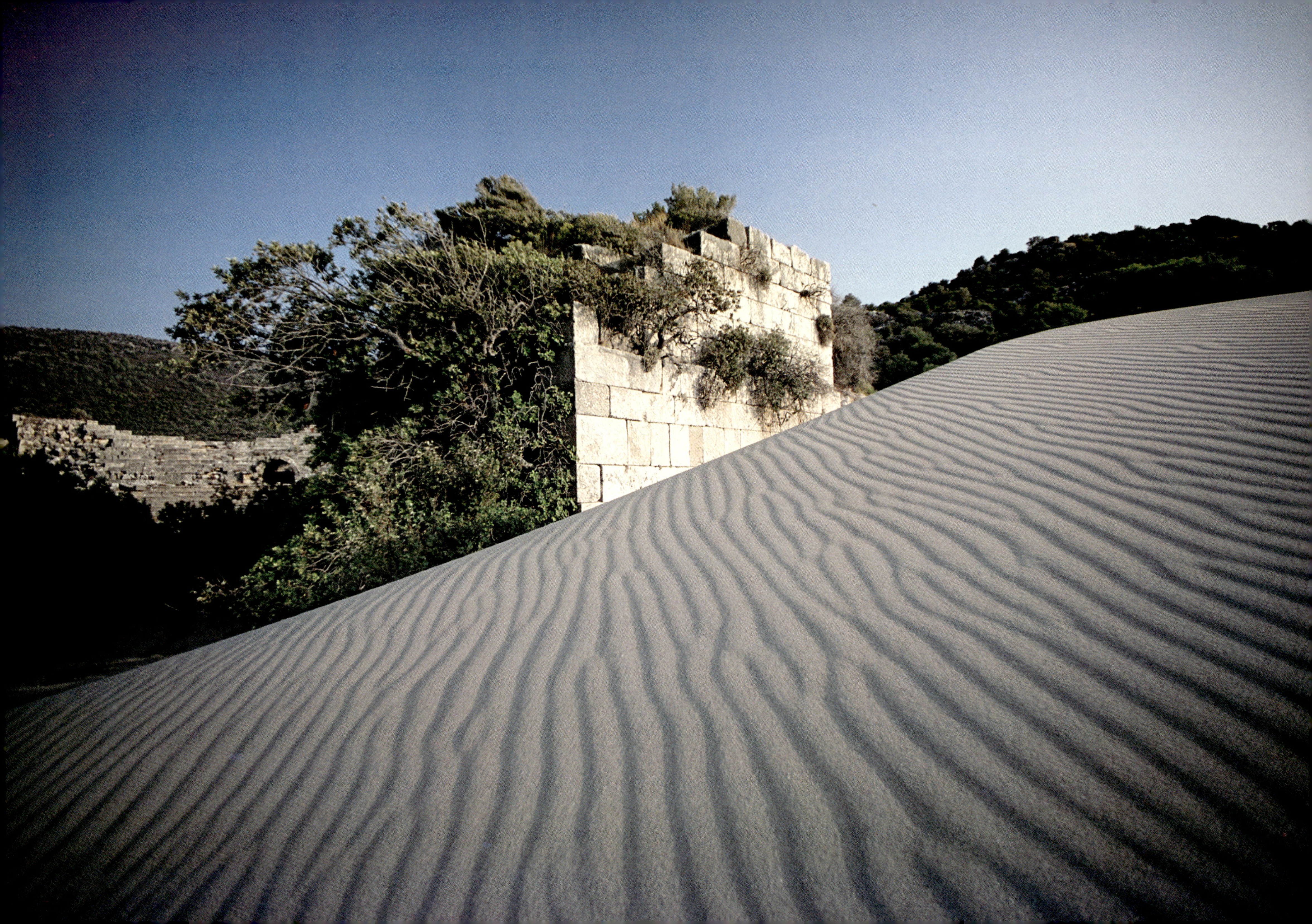

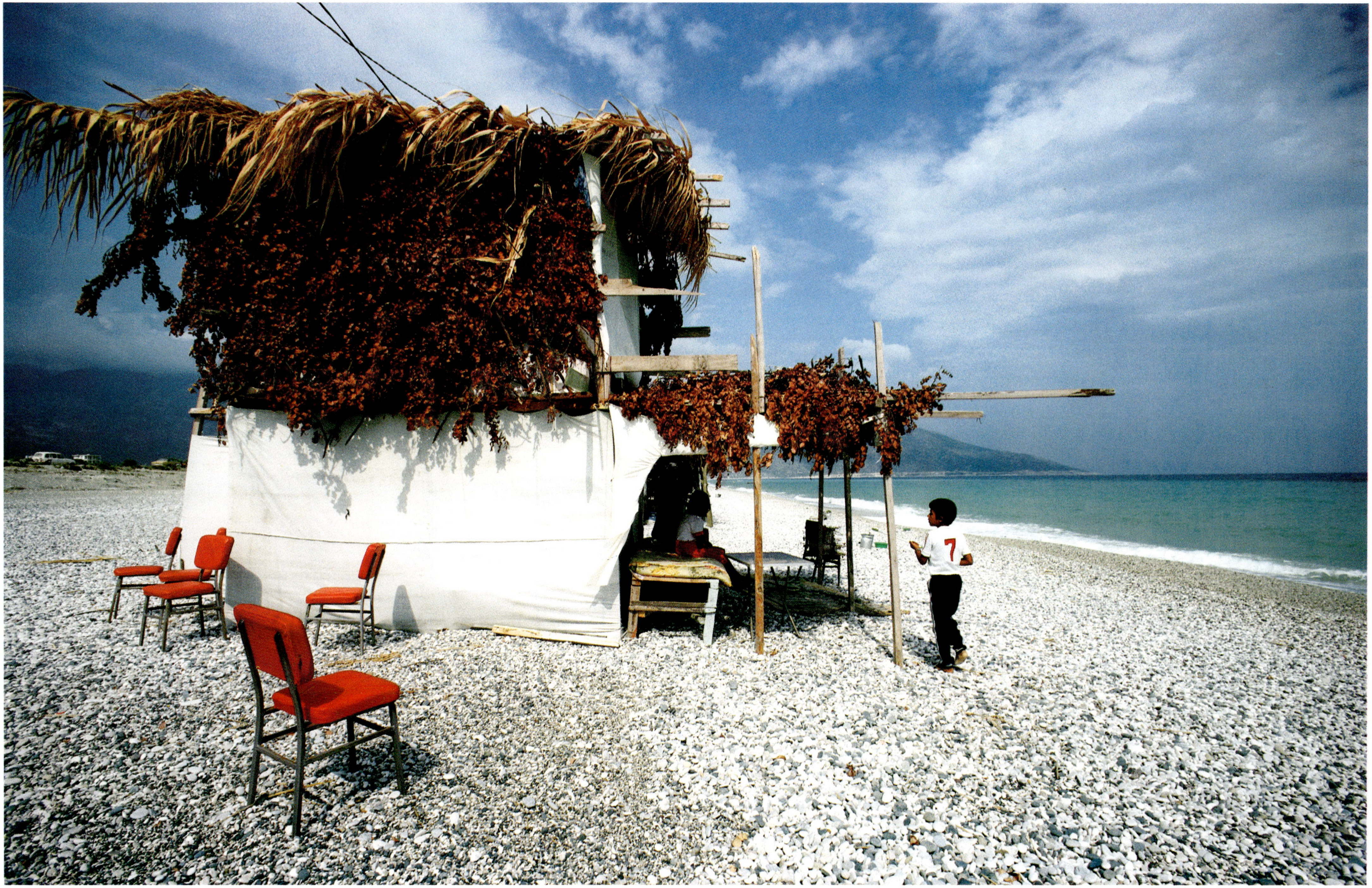
7

45

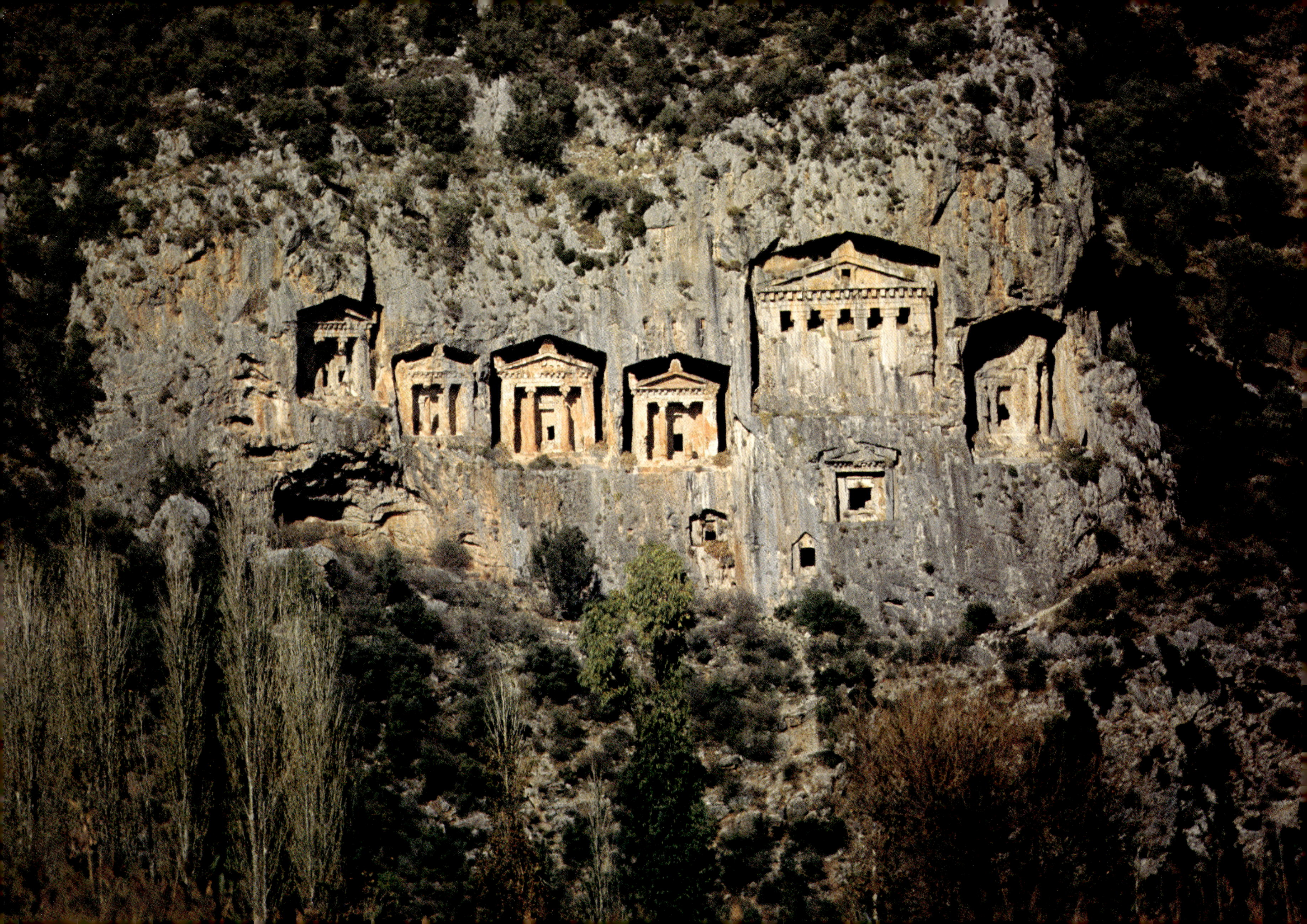

47

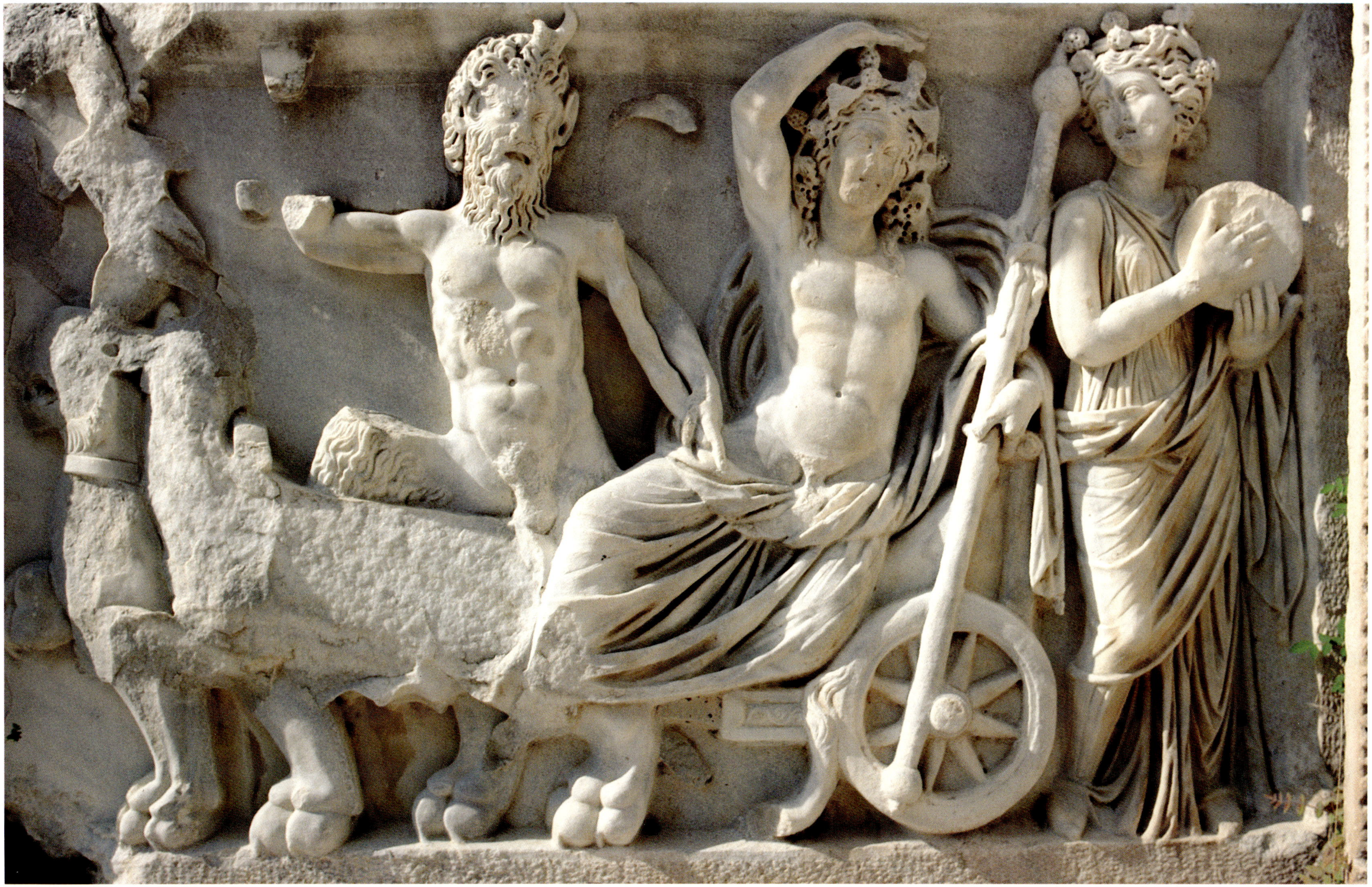

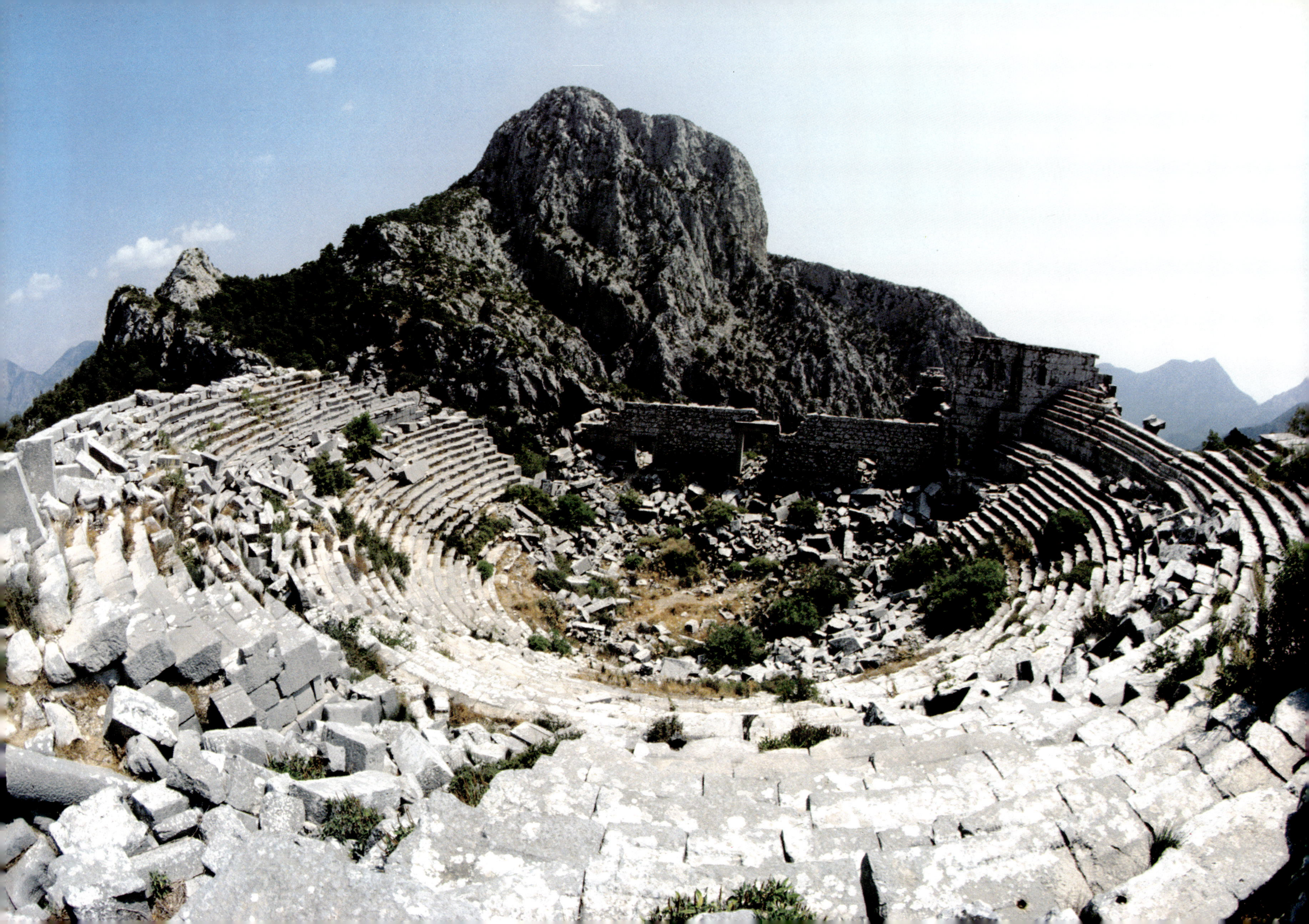

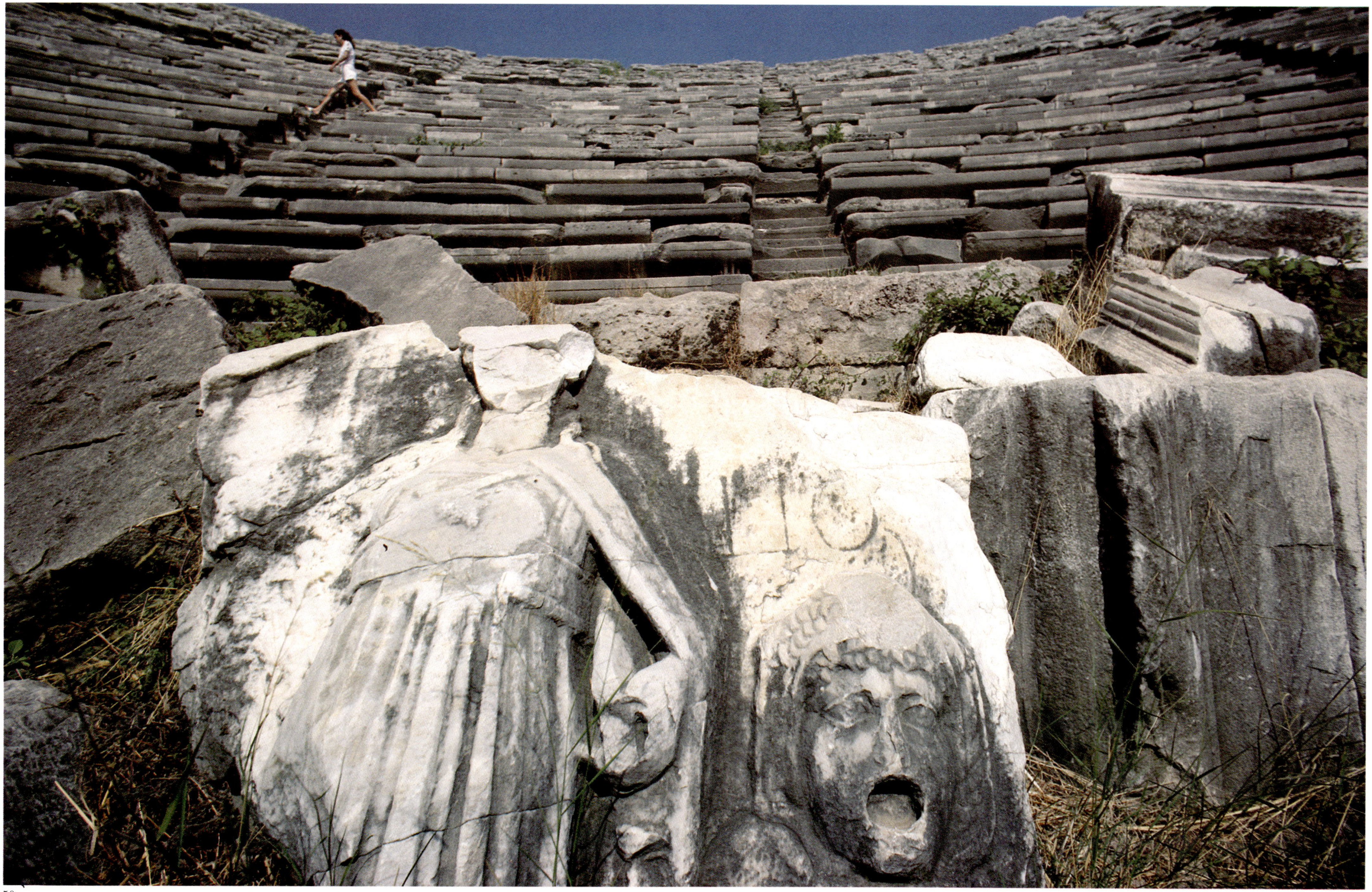

51

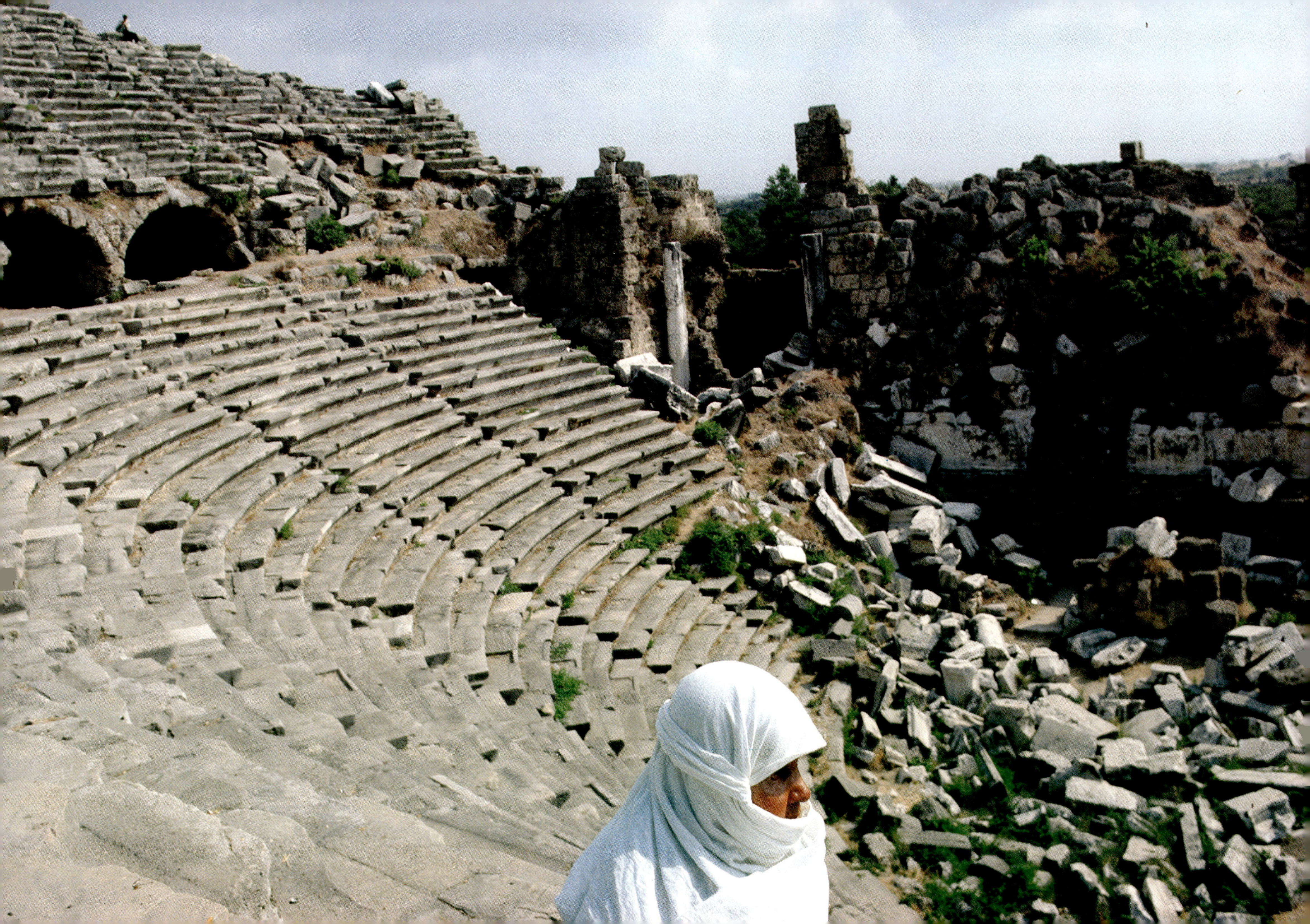

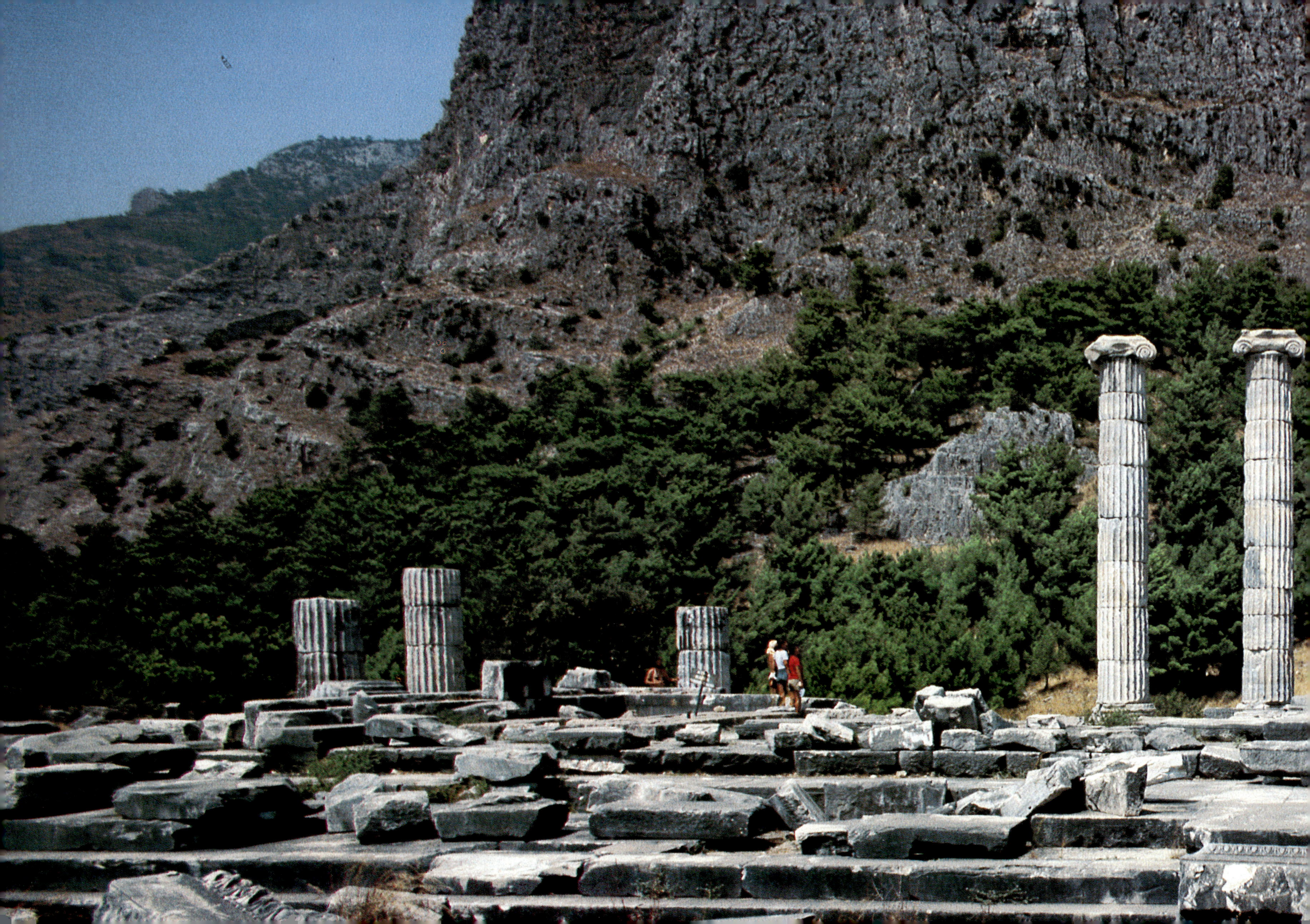

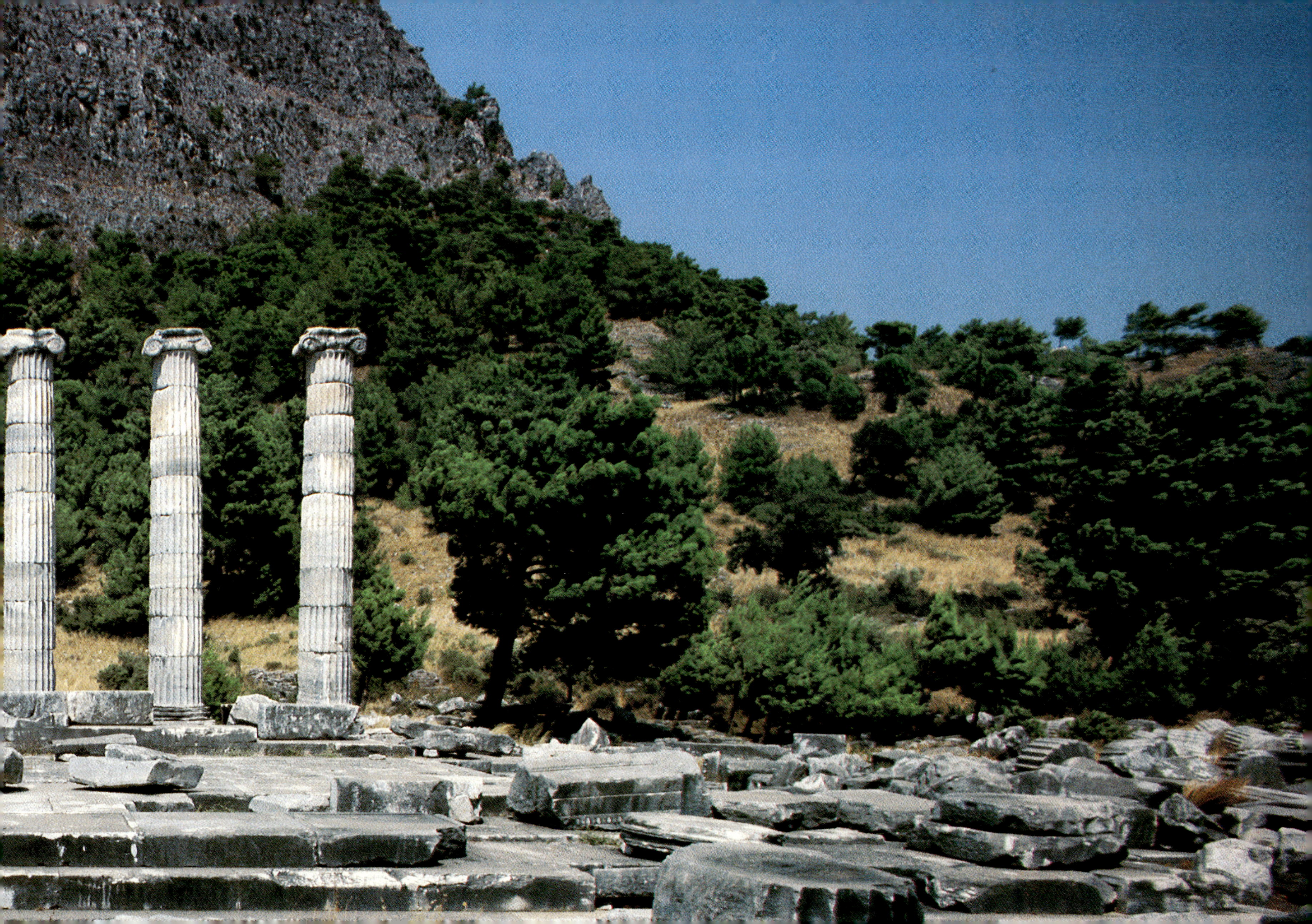

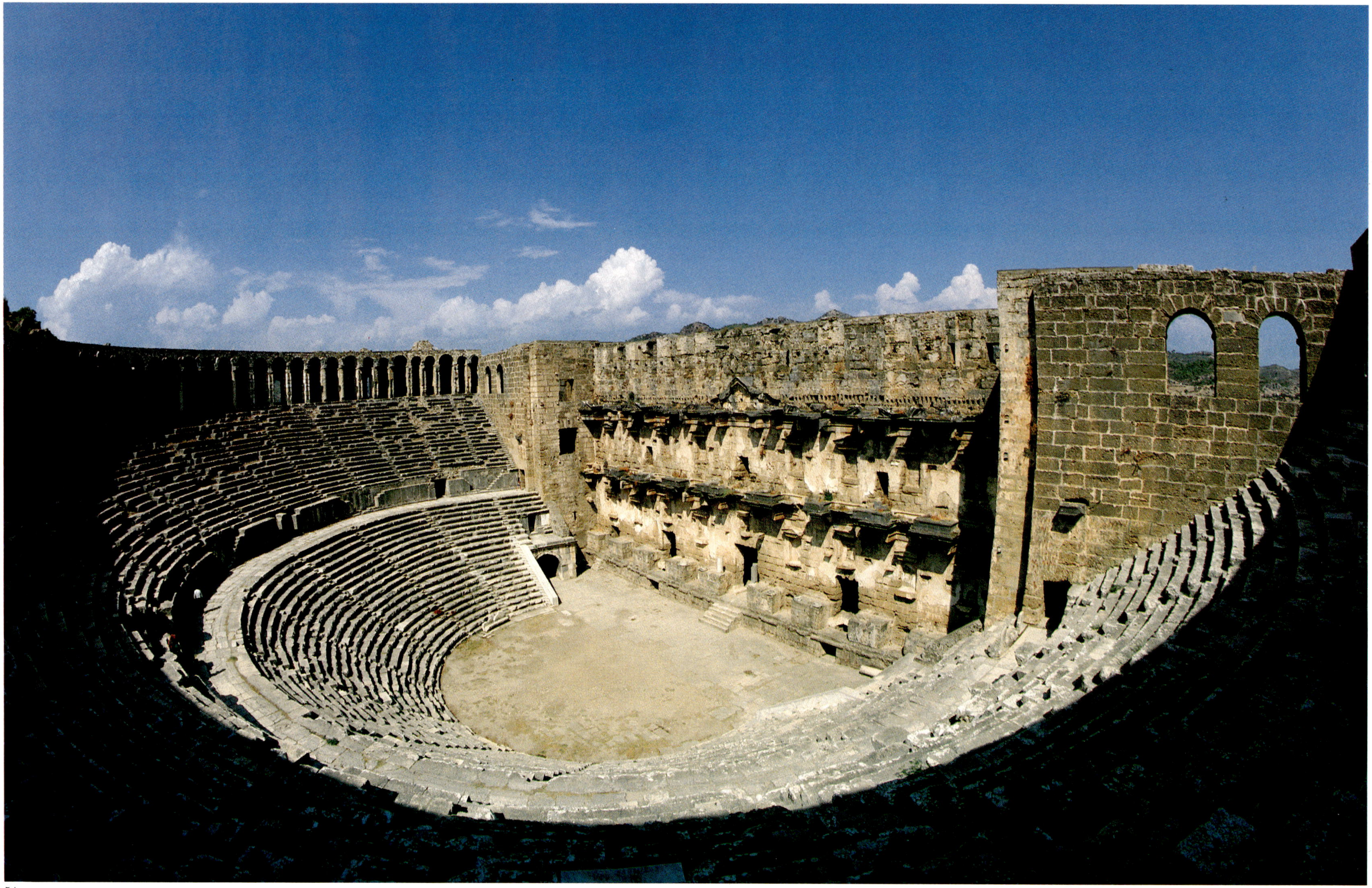

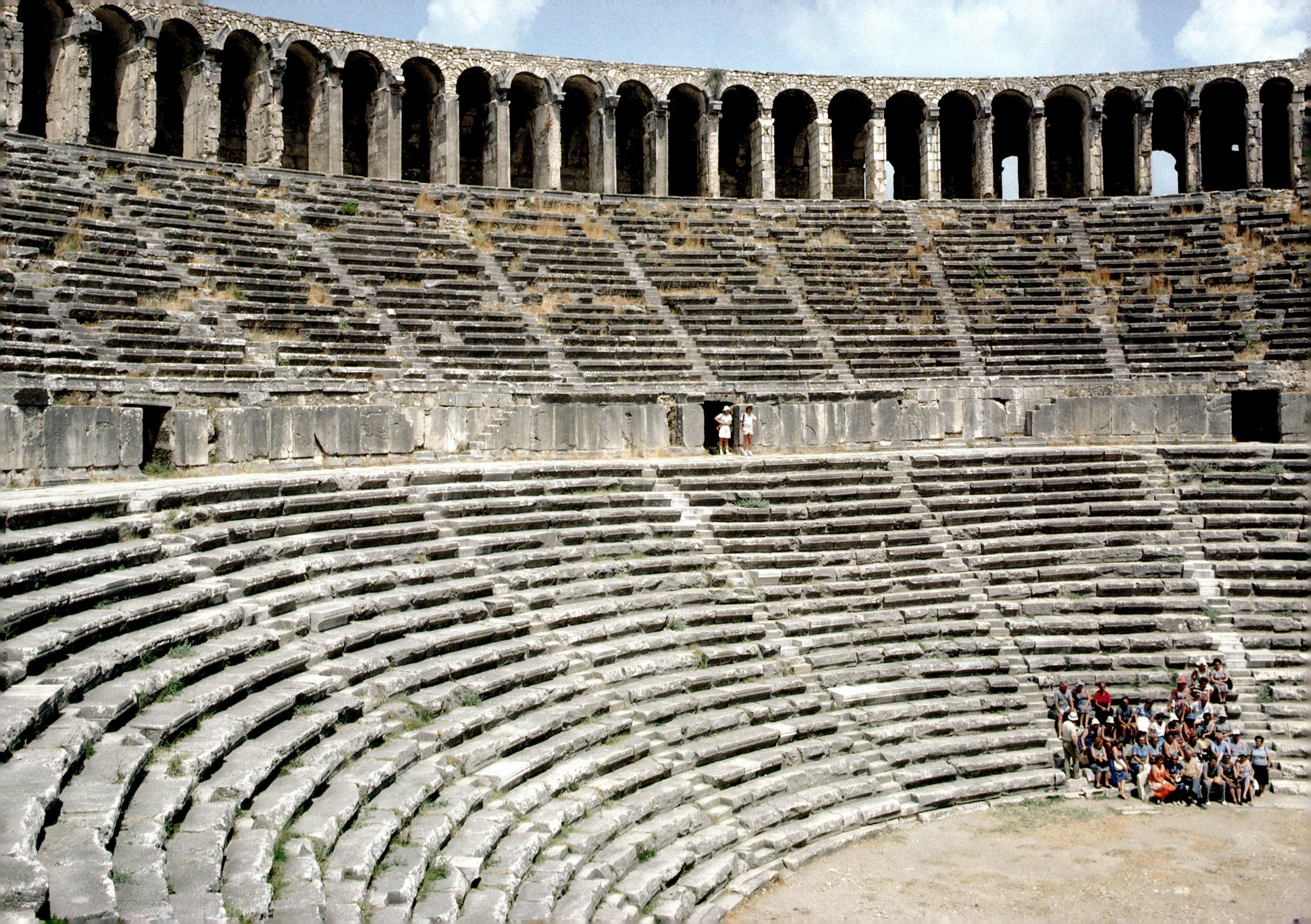

56

57

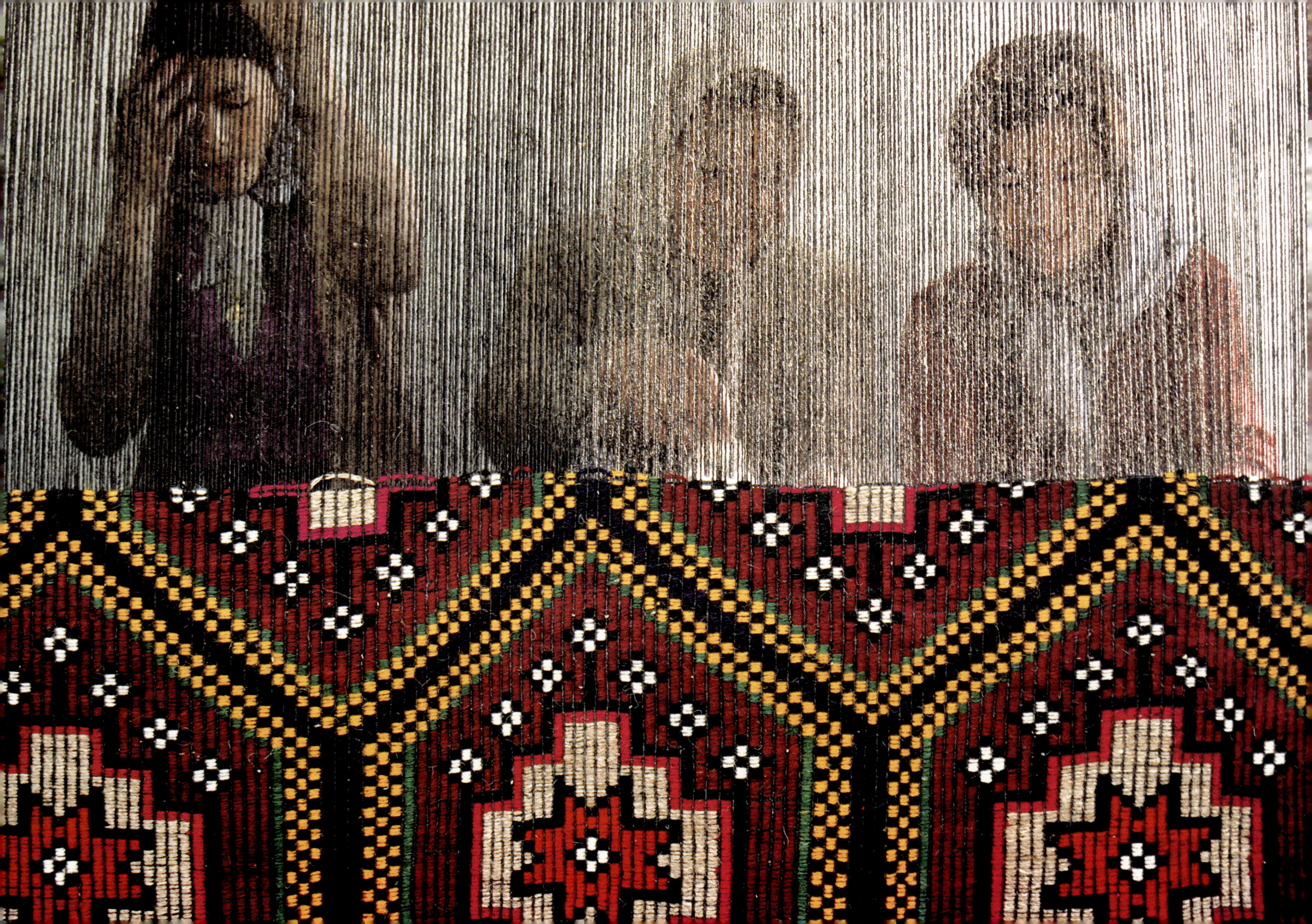

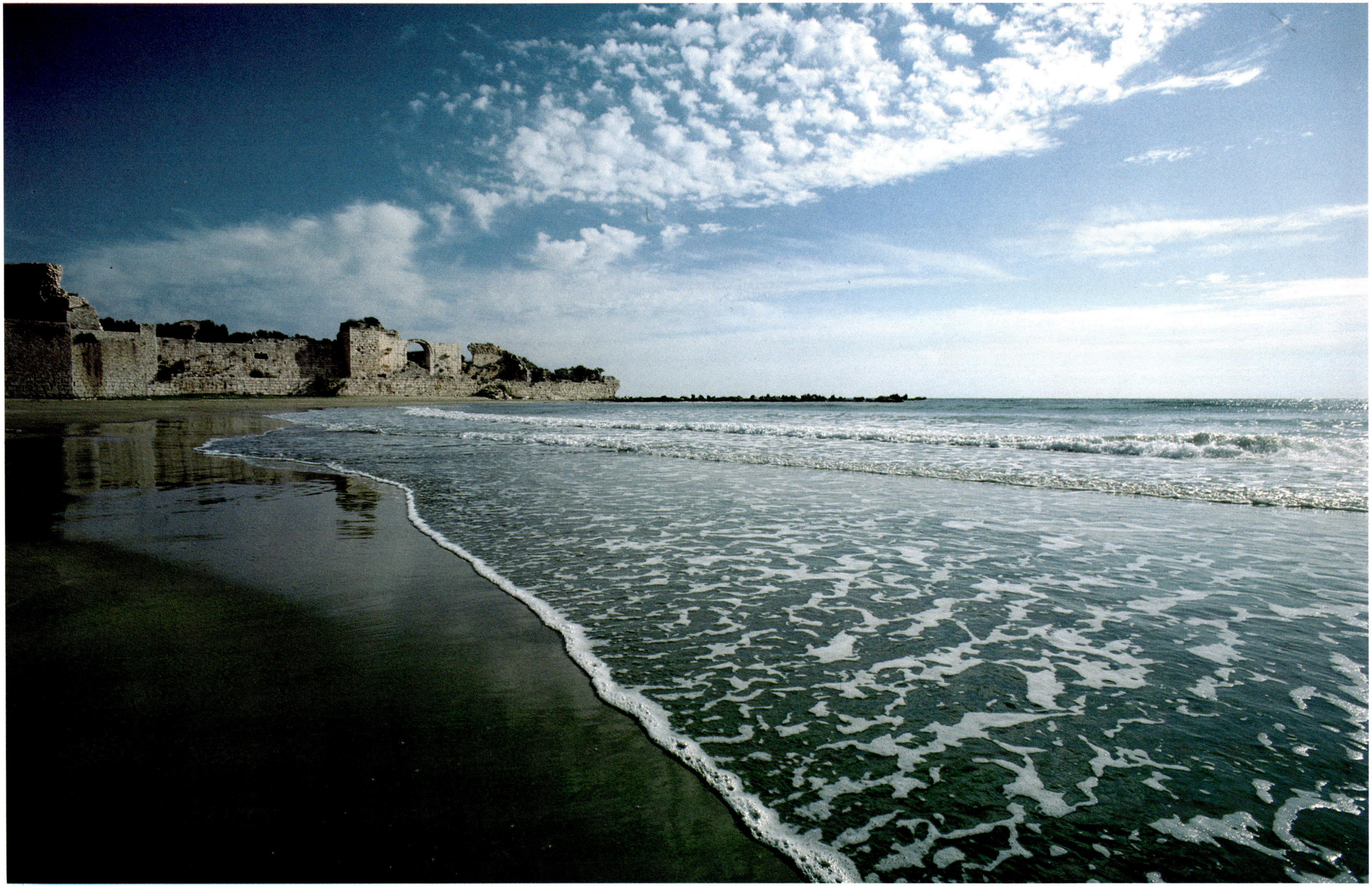

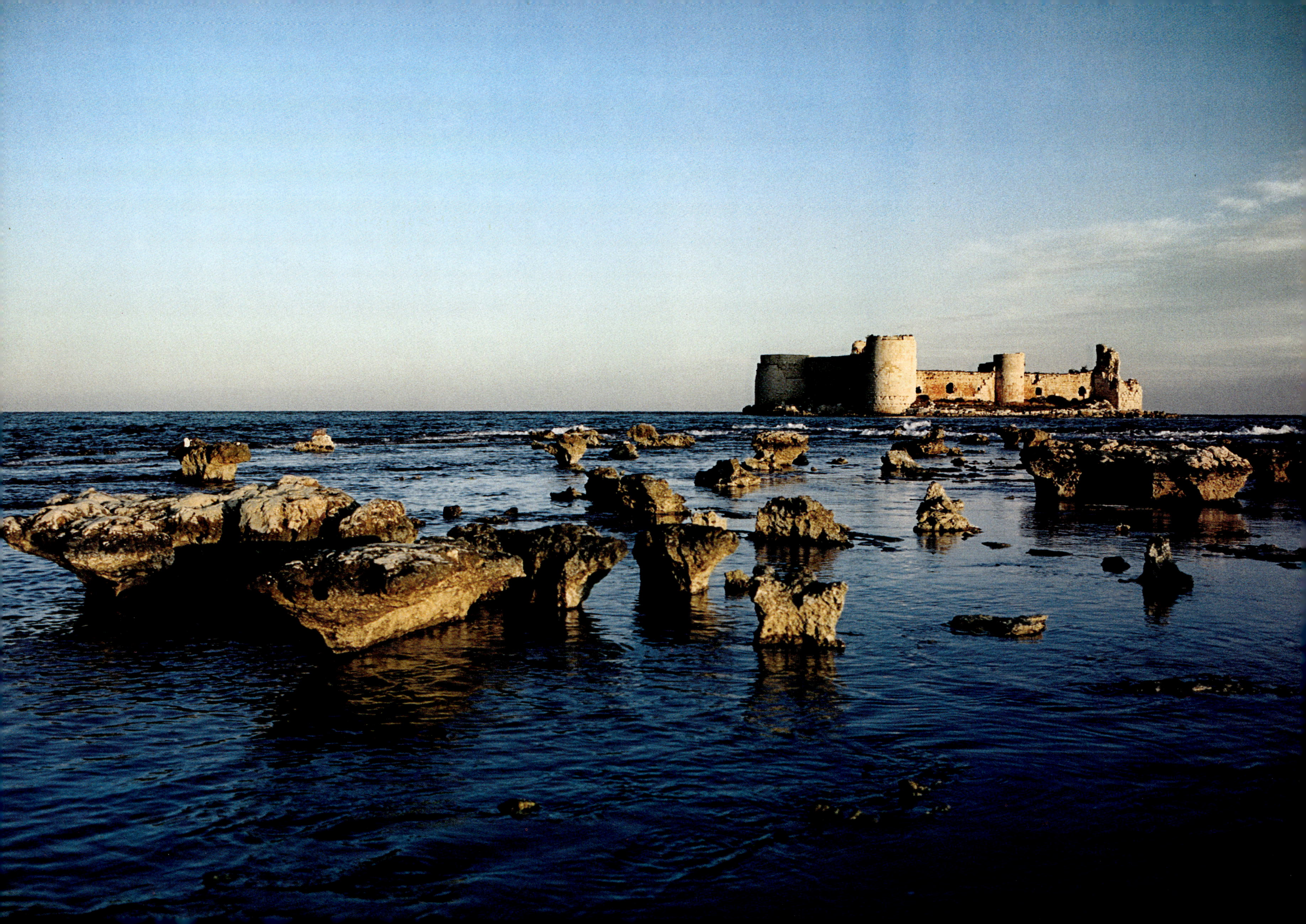

30. Am südlichen Ausgang der anderen strategisch und historisch bedeutsamen Meeresenge, der Dardanellen, liegt Troja (Truva, wie die Türken sagen), in einem Gebiet mit reicher Landwirtschaft. Die Besichtigung des vieltausendjährigen Kulturschuttsockels ist für den erwartungsvollen Besucher so enttäuschend, wie für die Trojaner das Trojanische Pferd eine böse Täuschung war (vor rund fünfzehn Jahren von den Türken für die Touristen wiedererrichtet).

31, 32. Pergamon war nie eine Hafenstadt am Meer, sondern entwickelte seinen Reichtum aus der Flußschiffahrt, aus den vielfältigen Begabungen seiner Bevölkerung und der Kühnheit seiner Attaliden-Herrscher (3. bis 1. vorchristliches Jahrhundert); in den ersten nachchristlichen Jahrhunderten war es bedeutender Gesundbrunnen der Antike – der berühmte Arzt Galen lebte dort – und erste Hauptstadt der römischen Provinz Asia. Die gewaltigen Säulentempel, der Athene und dem Kaiser Trajan gewidmet, liegen zum Teil auf künstlich errichteten Terrassen auf dem abschüssigen Burgberg (seit rund 100 Jahren Grabungsgebiet der deutschen Archäologen mit großen Wiederaufbauprojekten).

33, 34. Zur Musik vom Tonband eine kleine Ruhe- und Entspannungspause mit der Nargileh, der traditionellen Wasserpfeife. Ein glühender Tabakstumpen sitzt auf dem Rohr, und der Rauch wird, zur Abkühlung, durch das Wasser gezogen.
Schuhputzer mit ihren malerischen Utensilienkästen bieten überall ihre hervorragenden Dienste an, und die modernen Filme, mit in- und ausländischen Busenstars, kommen bis in die kleinen anatolischen Dörfer.

35, 36. In den meisten Gebieten Anatoliens haben Lkw und Traktor Kamel und Esel als Transportmittel zur Feldarbeit ersetzt; als leistungsfähige Tragtiere werden die Kamele aber wie eh und je mit buntbestickten Decken und blauen Perlketten geschmückt.

37. Baumwolle – der neue Reichtum Kleinasiens. Erst seit rund 25 Jahren wird der Anbau in großem Stil an der Westküste und Teilen der heißen Südküste betrieben – die Ernten ergeben Qualitäten, die höchsten Weltmarktansprüchen genügen.

38–42. Ephesos – erfolgreichste Grabungs- und Forschungsstätte des Archäologischen Instituts der Universität Wien seit 1895. Die wie ein moderner Boulevard anmutende Hafenstraße führt direkt zum großen Theater, in dem einst der Apostel Paulus gepredigt haben soll (Bild 40); vor dem Theater verläuft die Marmorstraße, von der die Kurethenstraße abzweigt (Bild 39); dort liegt die Bibliothek des Celsus, erbaut im 2. nachchristlichen Jahrhundert und von 1970 bis 1980 mit Spenden der Österreichischen Ephesos-Gesellschaft von Wiener Archäologen wiedererrichtet. Die Spolienfunde waren so reich, daß nur wenig neues Material erforderlich war, um Fassaden, Reliefs, Säulen, Kapitelle und Giebelwerk zu restaurieren (Bild 38 und 42). Auch der anmutige Hadrianstempel (Bild 41), im frühen 2. Jahrhundert zu Ehren des sein Riesenreich inspizierenden Kaisers an der Kurethenstraße errichtet, ist überraschend gut erhalten bzw. wiederhergestellt.

43, 44. An der türkischen Südwestküste gibt es Hunderte Kilometer lange Küstenstreifen, begleitet von den Dreitausendern des Taurus-Gebirges, die so gut wie unentdeckt sind. Bei Bodrum (Halikarnassos der Antike) und Marmaris (Physkos der Antike) wurden die ersten Schritte zur Entwicklung des Fremdenverkehrs gemacht, während der landschaftlich herrliche lykische Teil touristisch noch relativ unerschlossen ist. Unzählige unberührte Sanddünen und liebliche Strandbuchten sind fast menschenleer, obwohl die Autostraße entlang der lykisch-karischen Küste nicht schlecht ist.

45, 46. Myra, heute Kale oder Demre genannt, ist dem europäischen Ohr vertraut als Hafenstadt, in der im 4. Jahrhundert der heilige Nikolaus als Bischof gewirkt hat. Hinter der Stadt, direkt über dem römischen Theater, erhebt sich eine Felsennekropole mit zahlreichen in die Bergwand gehauenen lykischen Grabmälern aus dem 3. und 4. vorchristlichen Jahrhundert. (Auf Bild 46 ist die lykische Felsennekropole von Caunus, unweit von Fethiye, zu sehen.) Die teilweise erhaltenen Grabfassaden erinnern stilistisch an die Felsengräber der Achaimeniden bei Persepolis.

47, 48. Im vergangenen Jahrzehnt entdeckte Meisterwerke antiker Reliefkunst: Die Reliefs auf Bild 47 sind aus dem sonst für Fotografen streng verschlossenen Museum von Aphrodisias im westanatolischen Bergland, Stätte der einst berühmten antiken Bildhauerschule; Bild 48 stammt aus dem römischen Theater von Perge, unweit von Antalya, und zeigt ein prachtvolles Teilstück der reliefgeschmückten Bühnenwand, bei dem ein gütiges Schicksal die berührend schöne Göttin der Morgenröte voll erhalten hat.

49–52. Römische Theater an der Südküste bei Antalya: In Termessos, in etwa 1200 m Höhe, scheint das Theaterrund in die Felswand eingehängt zu sein (Bild 49). Das rund 16.000 Personen fassende Theater von Side (Bild 50, 51, 52) ist eine besondere technische Leistung, da auf der flachen Halbinsel für die 28 steinernen Sitzreihen der Cavea auf

Stützbögen ein Unterbau errichtet werden mußte. In den sechziger Jahren haben türkische Archäologen die Bühnenwand freigelegt, die heute etwa 2,50 m aufragt. Die Orchestra ist übersät mit Friesteilen (Medusenhäupter, Komödien- und Tragödienmasken), die einst die Schauwand schmückten.

53. Priene, einst an der Mündung des antiken Mäander-Flusses (Büyük Menderes) gelegen, dürfte in grauer Vorzeit von den Karern gegründet worden sein und wurde – laut Strabo – im 11. vorchristlichen Jahrhundert von den Ioniern im Rahmen ihrer kleinasiatischen Landnahme erobert und wiederaufgebaut. Als besonders aktives Mitglied des „Ionischen Bundes" erlebte die Stadt ein wechselvolles Schicksal; ihr berühmtestes Stadtheiligtum, den Athene-Tempel, der zur römischen Blütezeit auch dem Kult des Kaisers Augustus diente, ließ Alexander der Große von Baumeister Pytheos errichten.

54, 55. Das Wunder unter den römischen Theatern an der Südküste ist das von Aspendos, unweit von Antalya, das so gut wie vollständig erhalten ist (Baumeister Zenon, 2. nachchristliches Jahrhundert). Die Stufenreihen im Halbkreis messen 96 m; insgesamt 39 Sitzreihen. Es wurde 1871 vom Grafen Lanckoronski bei seinen pamphylischen Studienreisen entdeckt.

56–58. Gute Teppiche und Kelims stammen stets aus Berggebieten, wo Schafe und Ziegen ein reiches, widerstandsfähiges Vlies haben. Der Knüpfteppich ist uraltes türkisches Volksgut; Bruchstücke, mehr als 1500 Jahre alt, wurden in Gräbern in der zentralasiatischen Steppe (Heimat der Turkvölker) gefunden und sind in der Eremitage in Leningrad zu sehen. Musteraufteilung und Farbgebung, Blumenmotive und geometrische Ornamente, stilisierte Tierfiguren, Girlanden- und Wolkenbänder richten sich nach der Stammeszugehörigkeit der jugendlichen und erwachsenen Knüpfer und Knüpferinnen, die „ihren" Teppichtyp mit traumwandlerischer Sicherheit knüpfen.

59, 60. Traumbucht von Kızkalesi unweit von Silifke (Südküste); Sandstrand wie Samt und Meer wie Seide, kilometerweit, östlich von einer romantischen frühmittelalterlichen Seeräuberburg, Korykos, abgeschlossen. Die Burgherren hatten eine Mole zur Inselfestung Kızkalesi (Jungfernburg) angelegt, zur Sicherung ihres Hafenbeckens, von der noch Bruchstücke sichtbar sind (Bild 60).

61. Das Meer an der türkischen Südküste – Badetemperaturen von Mai bis November!

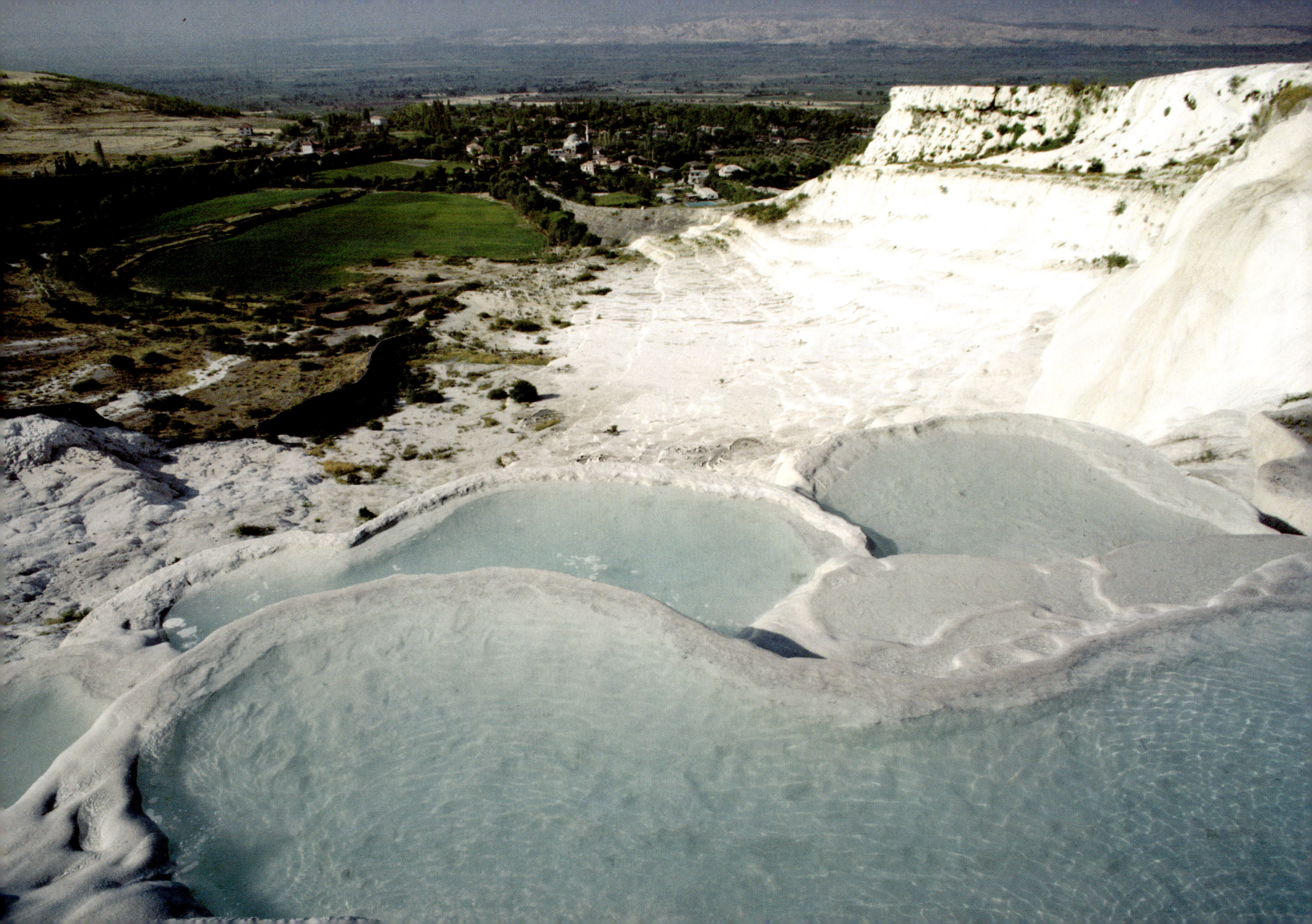

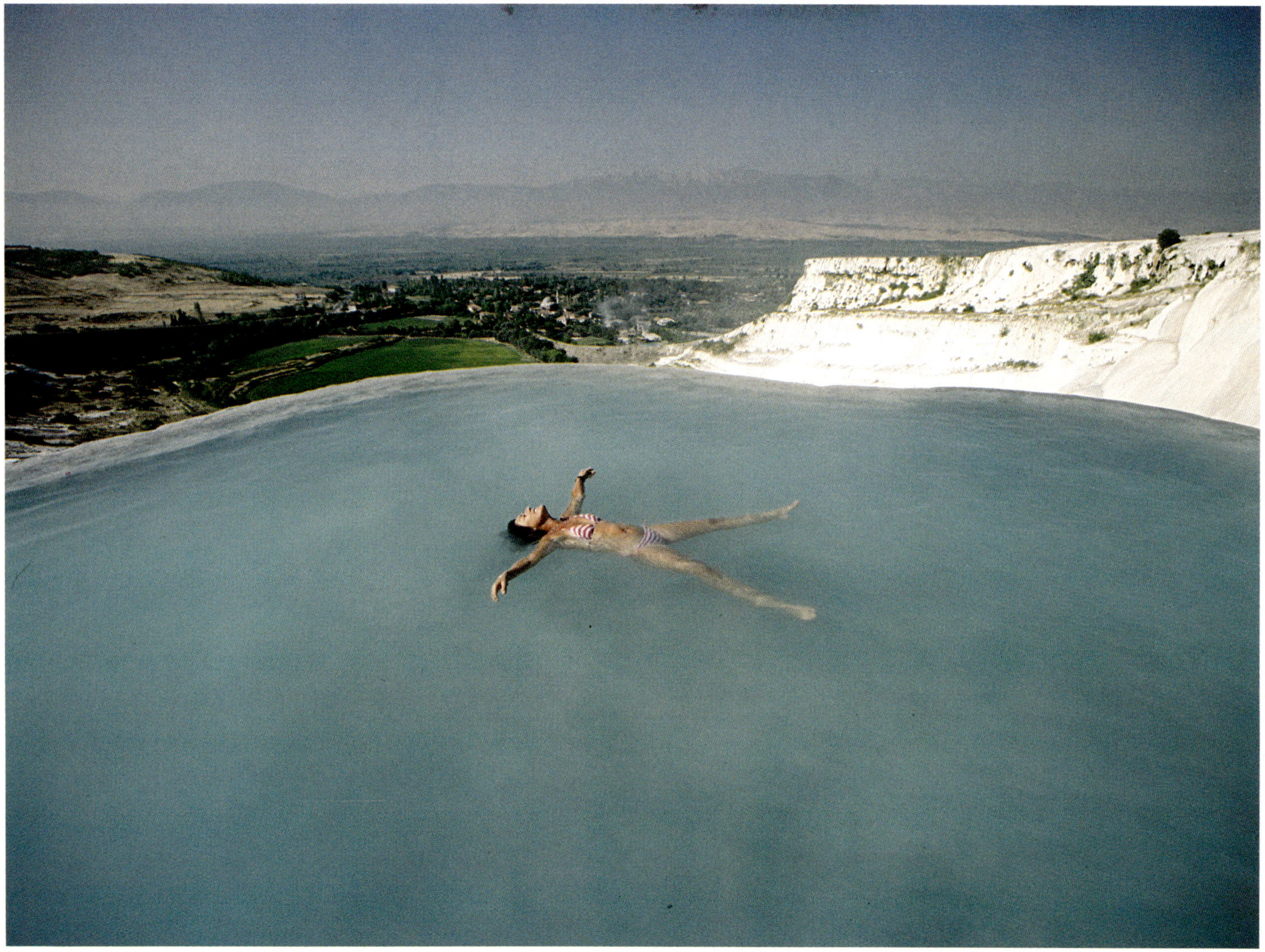

63

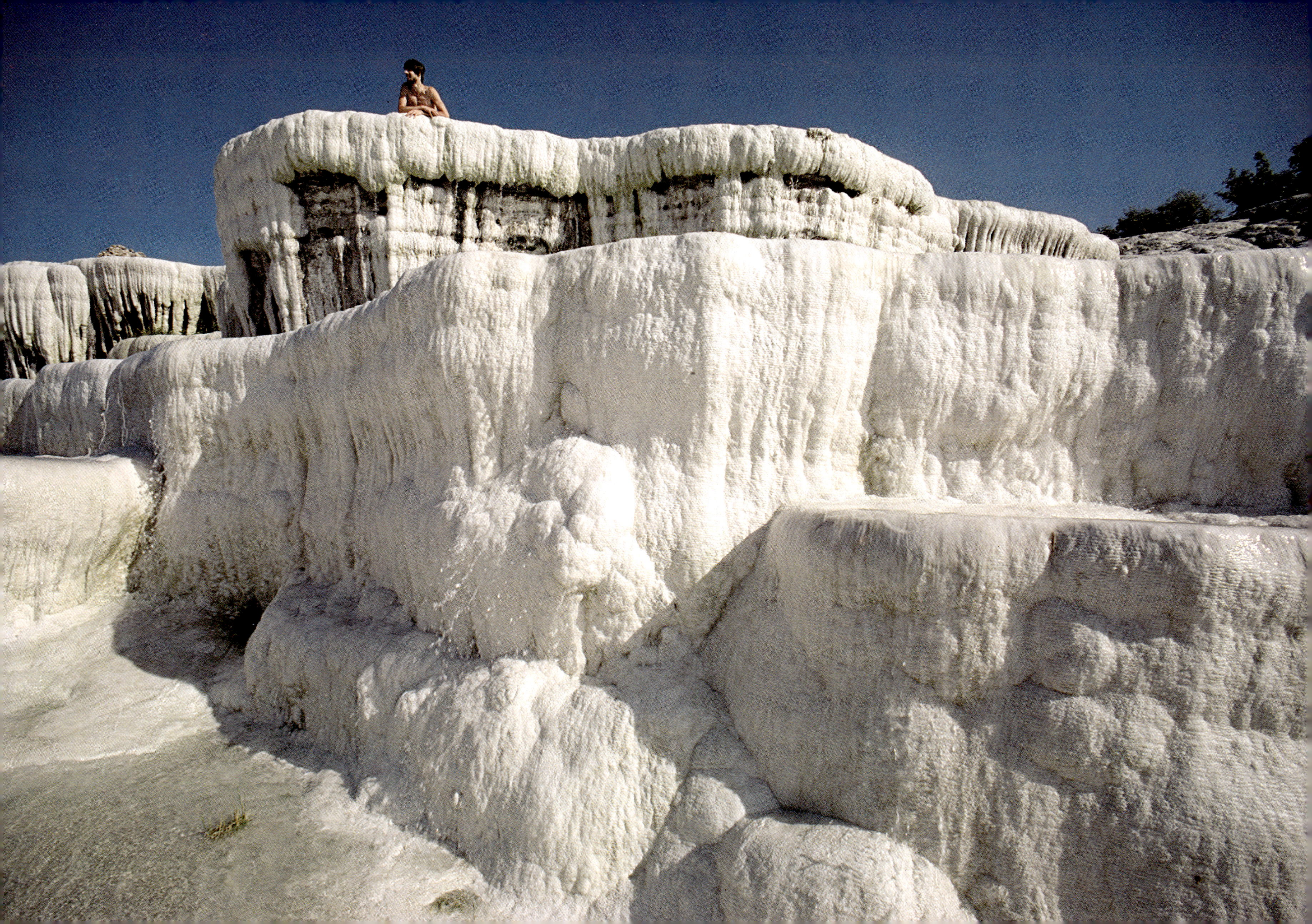

65

66

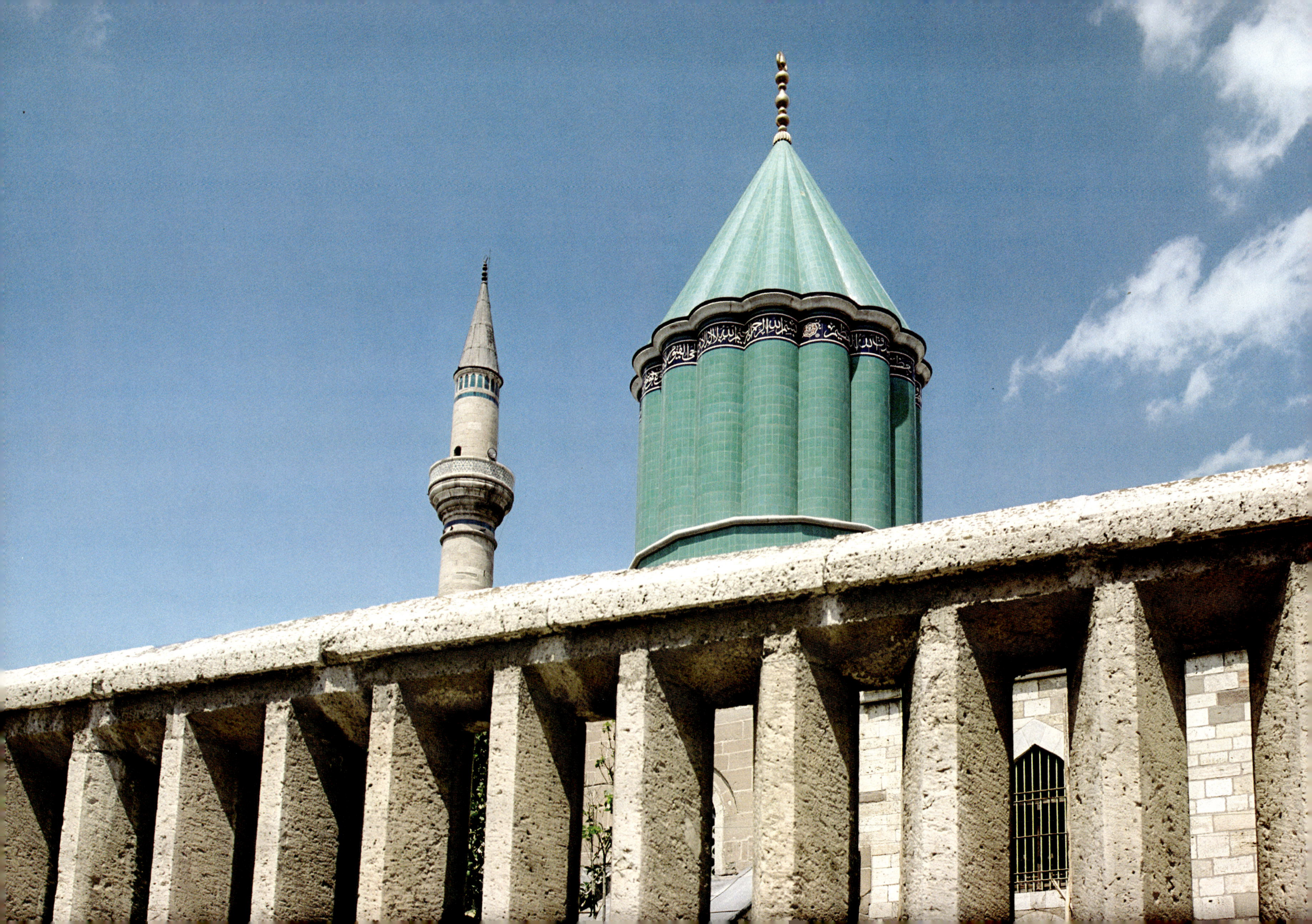

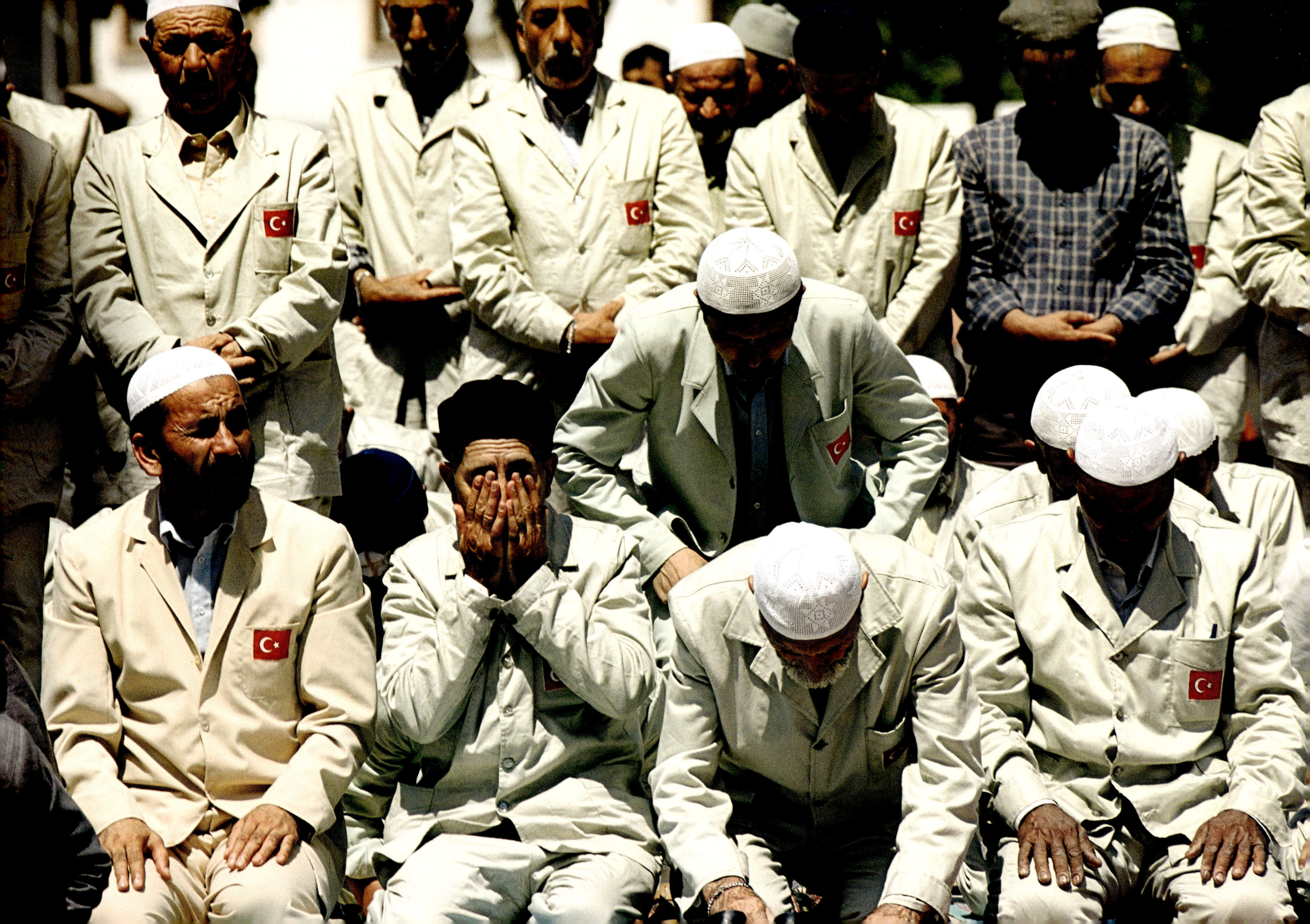

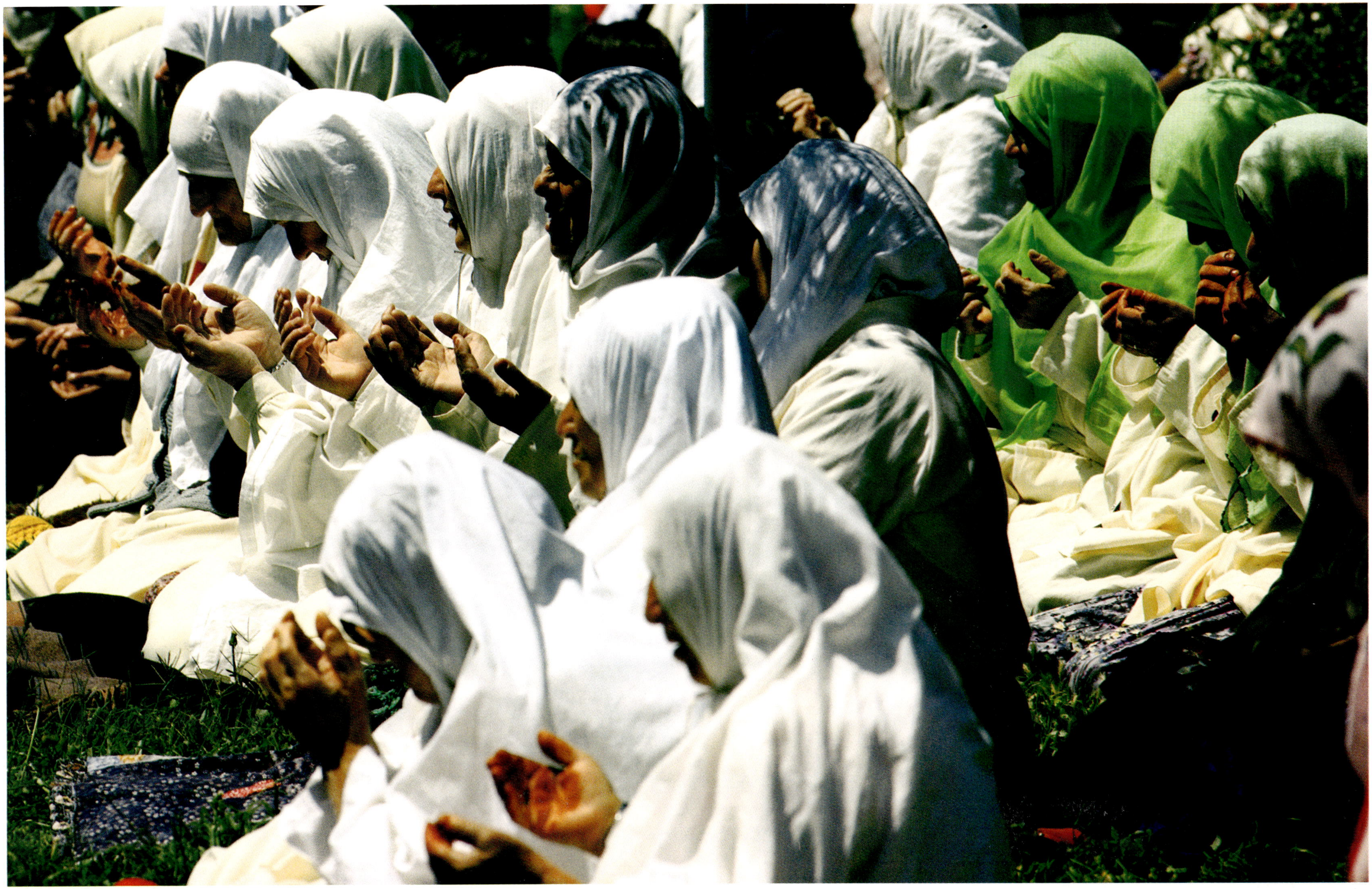

70 71

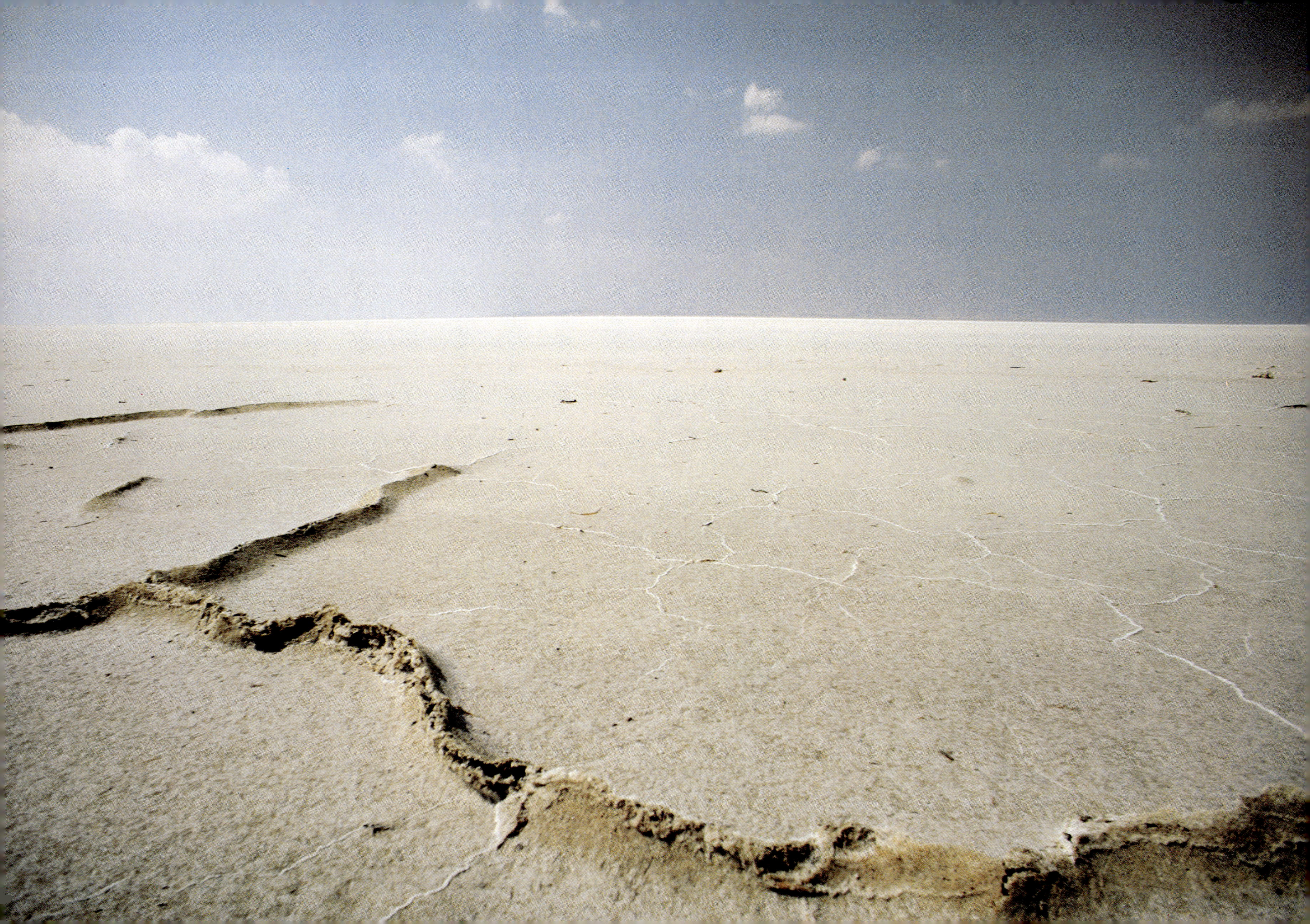

73

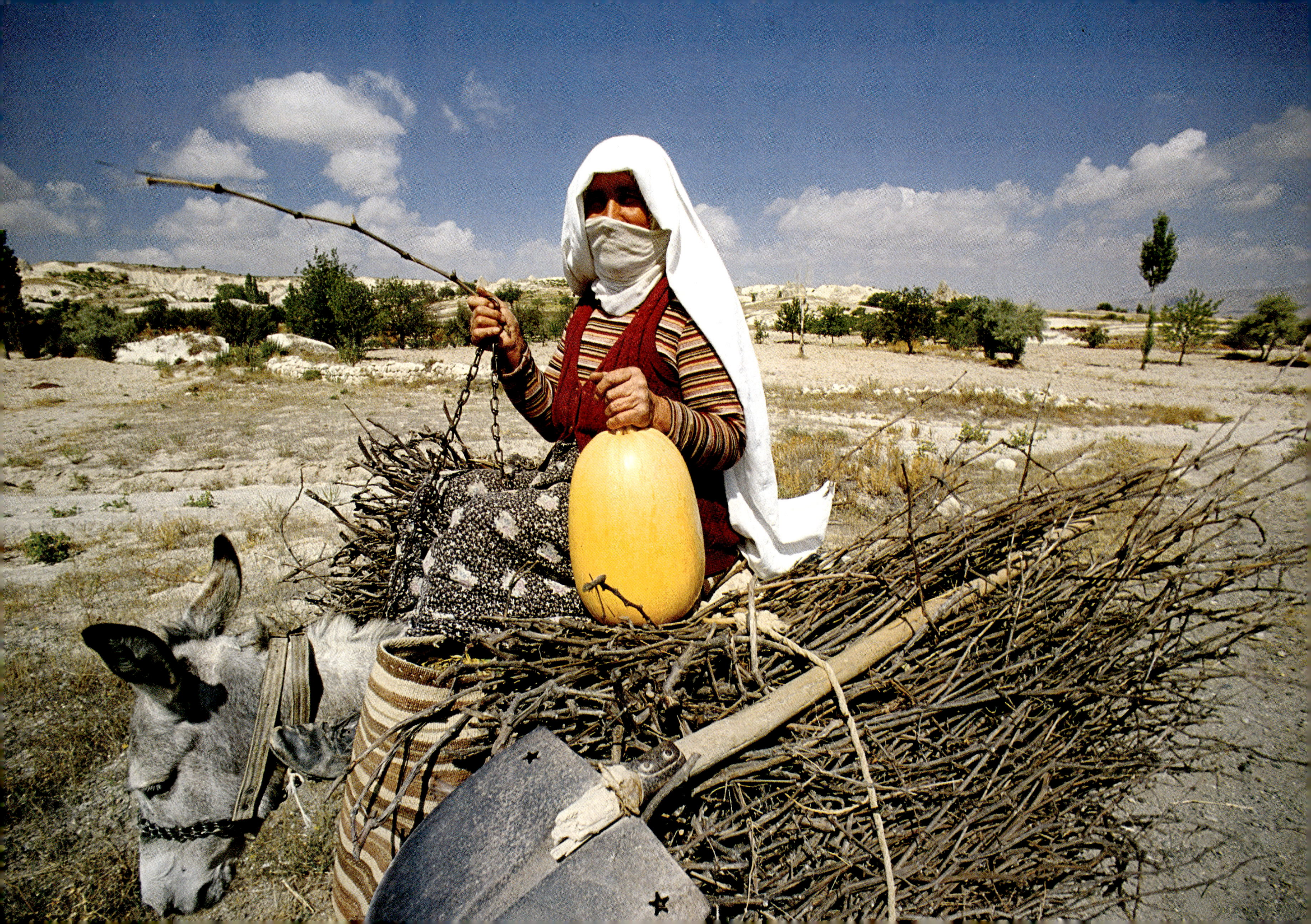

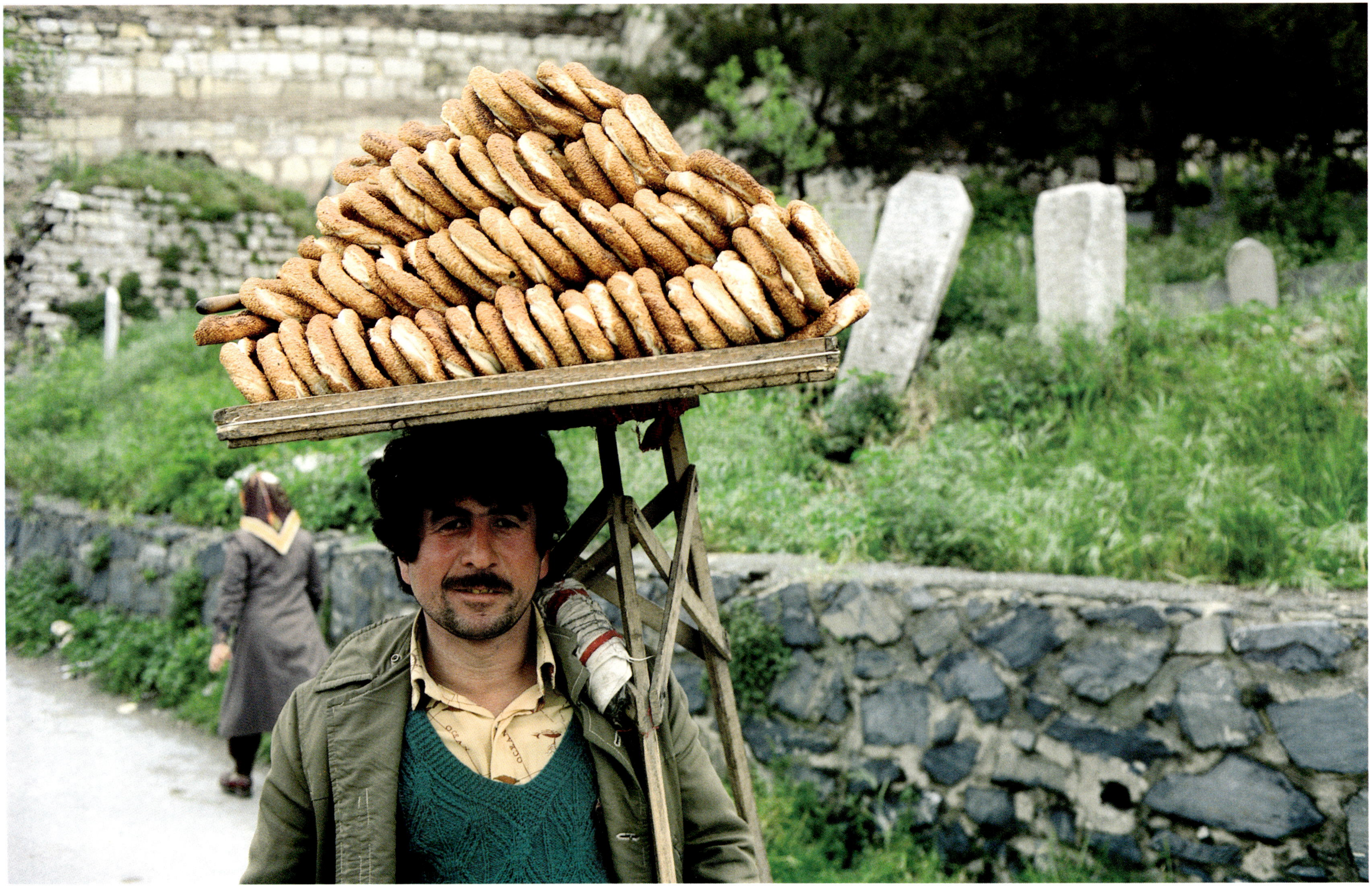

ÜLKER
EKMEK FIRINI
H. Hüseyin Kurban
GÖREME

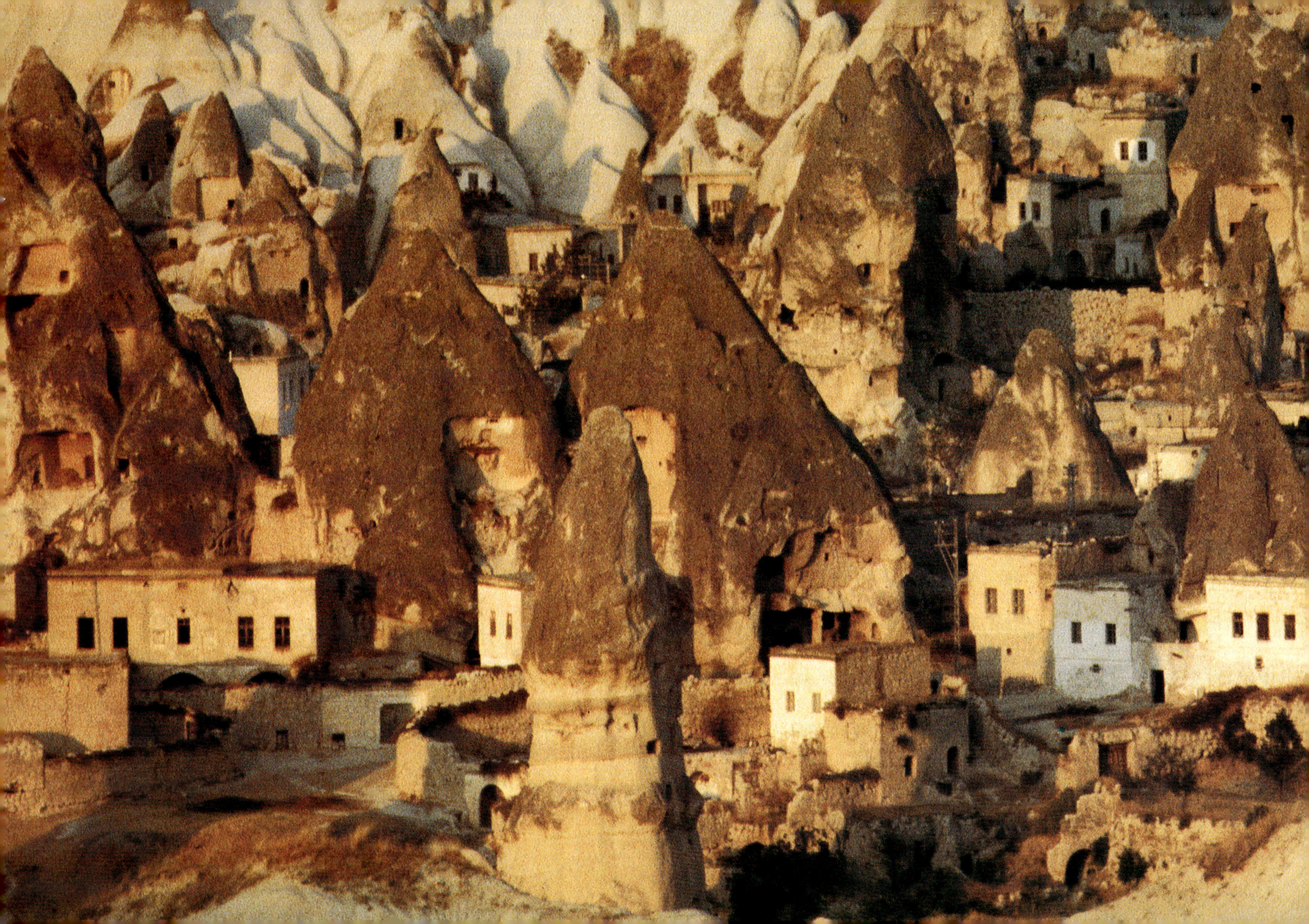

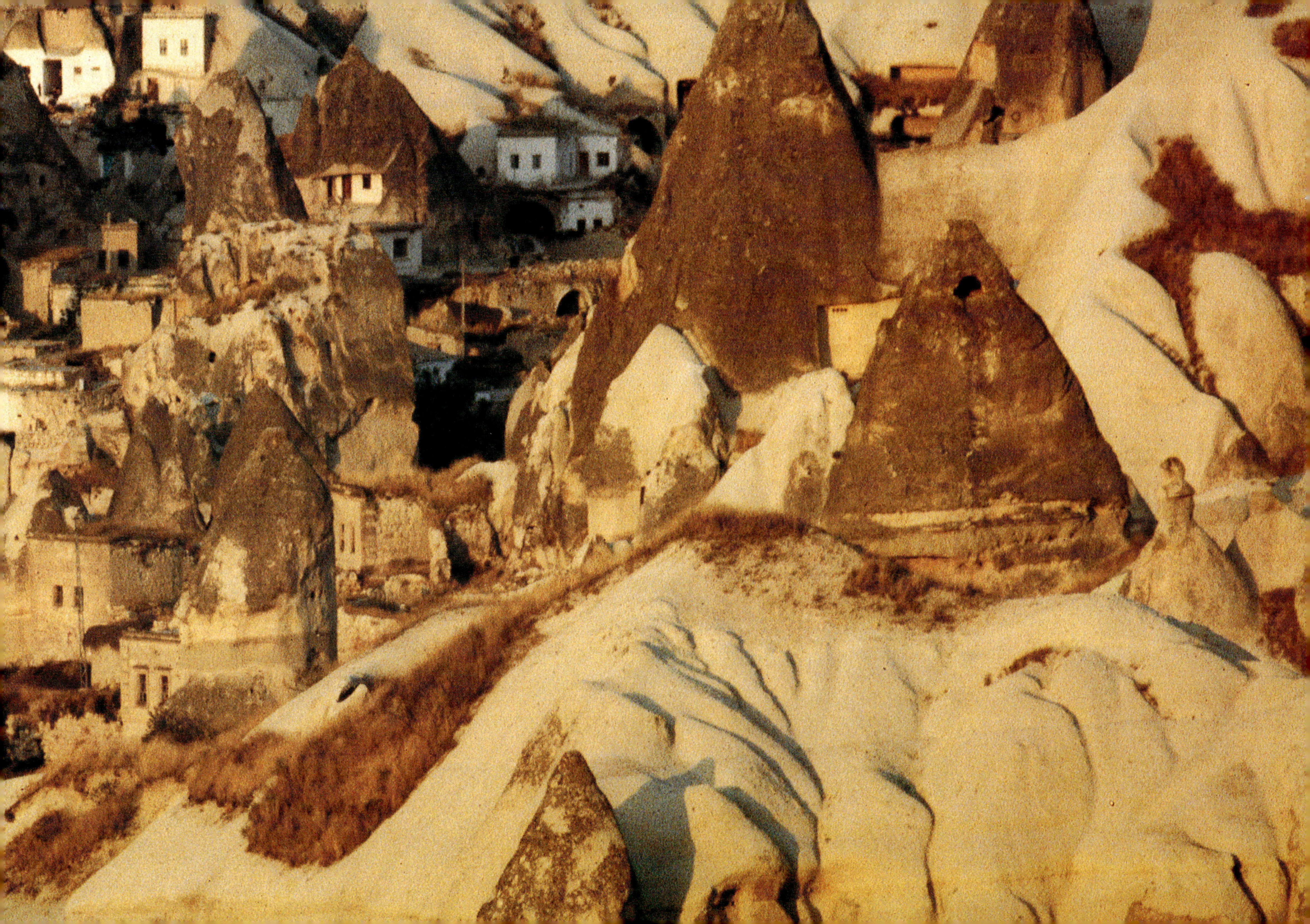

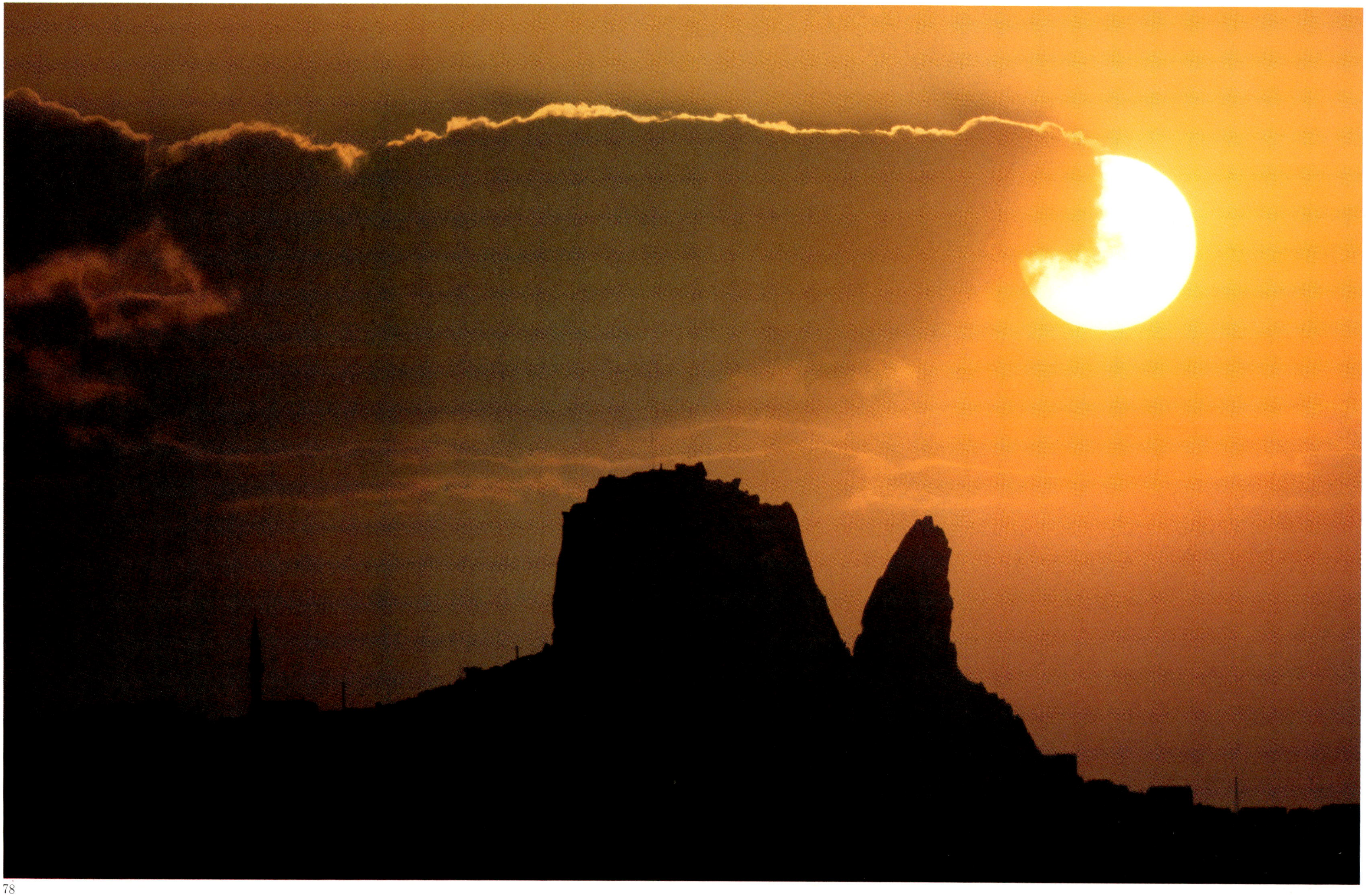

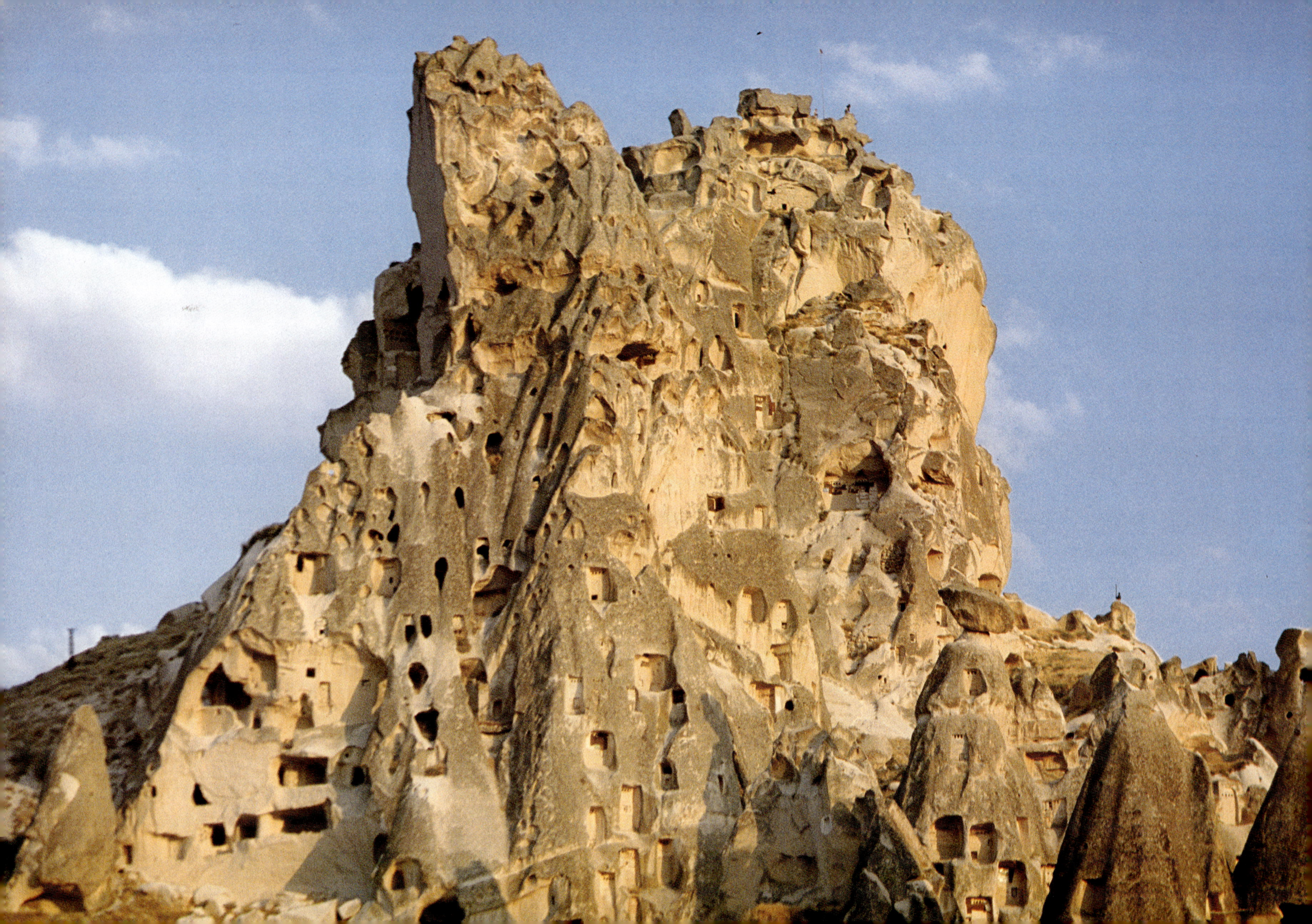

80

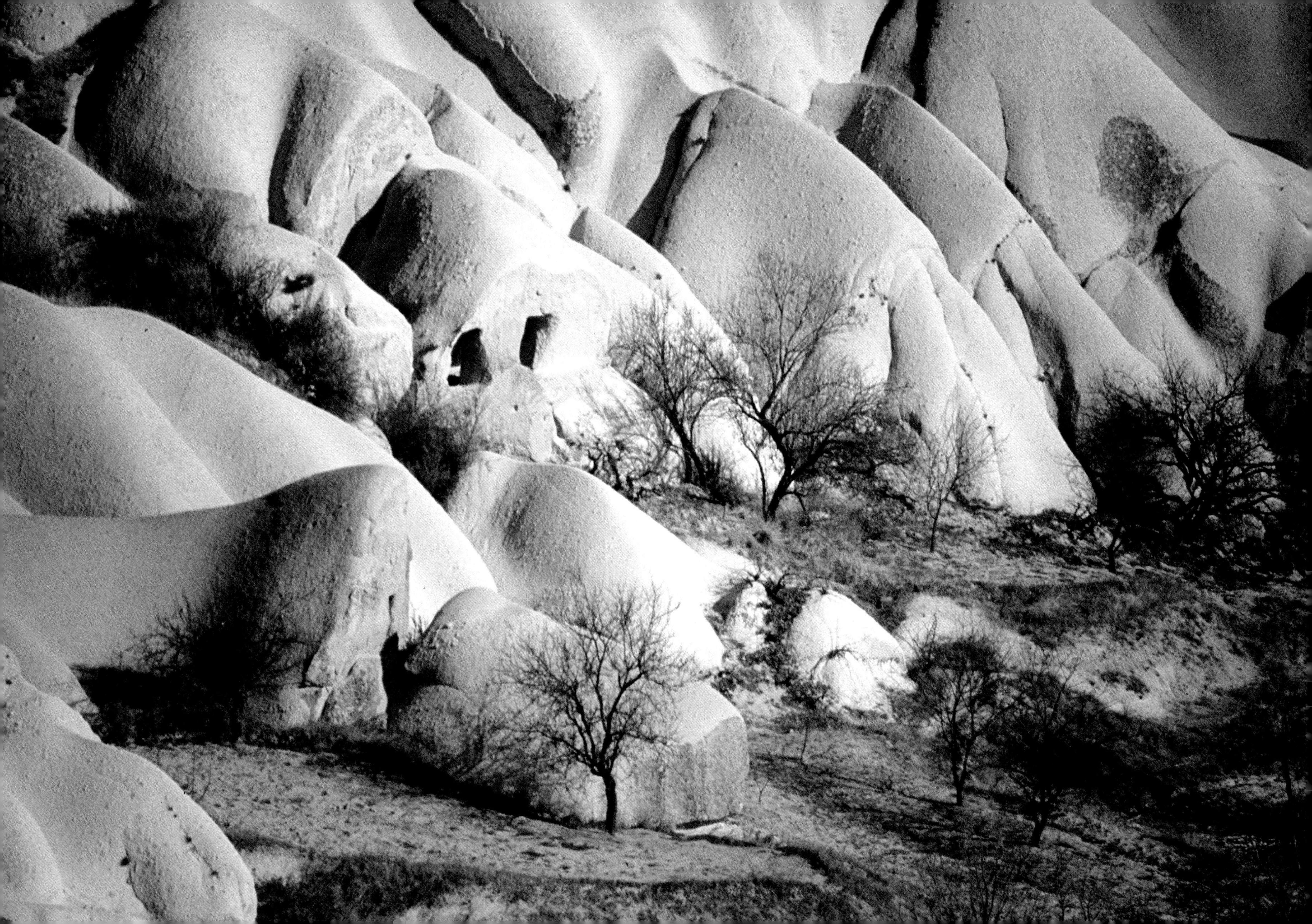

82

83

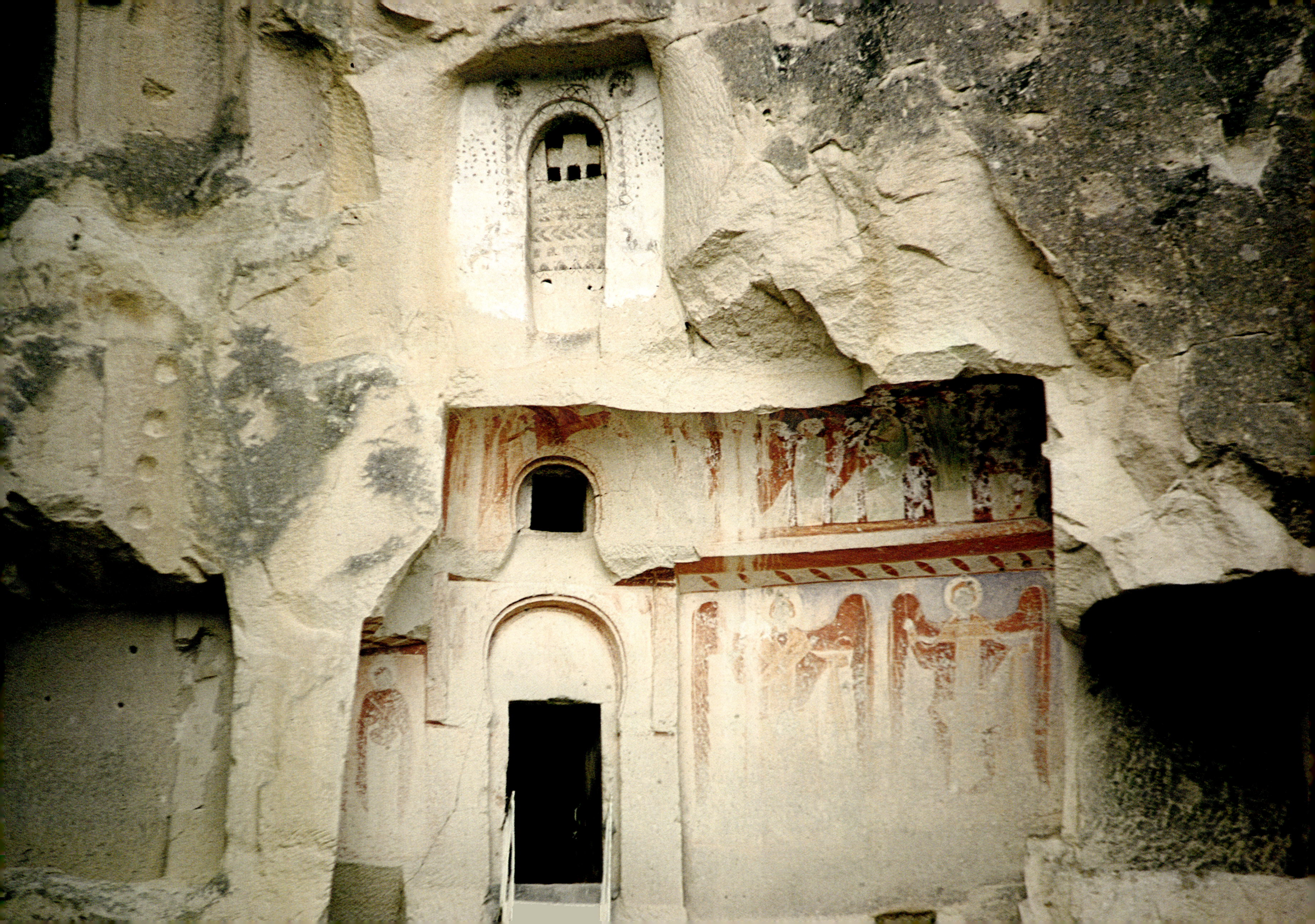

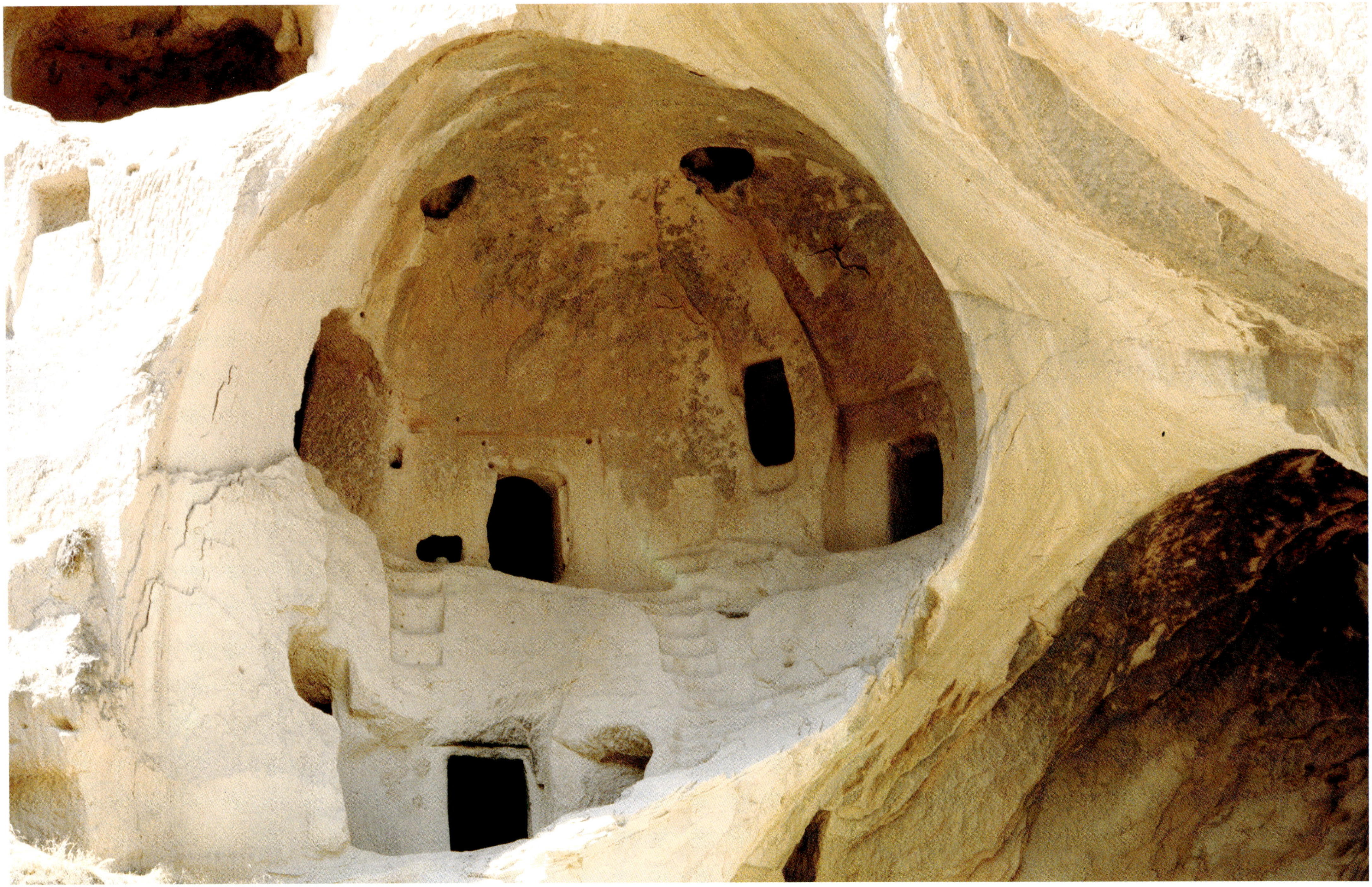

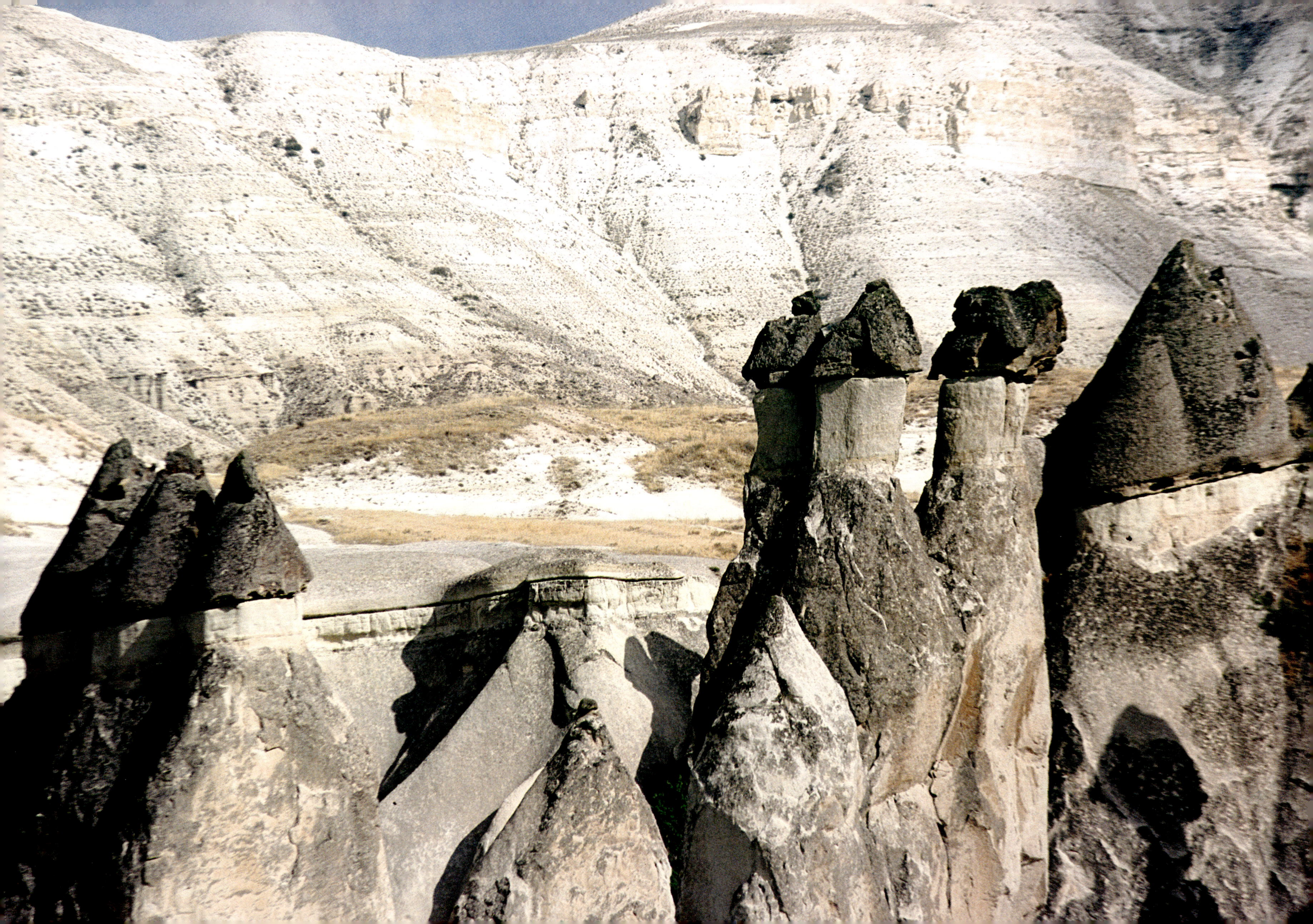

87

62–64. Auch das Naturwunder Westanatoliens, Pamukkale bei Denizli, hat als berühmtes römisches Heilbad Hierapolis einen bedeutsamen kunsthistorischen Hintergrund. In der Antike wurde die Quelle, die seit Jahrtausenden eine Bergterrasse in einen kristallisierten Wasserfall verwandelt hat, als Eingang zum Hades betrachtet. Die marmorartig schimmernden Verkalkungen bieten tatsächlich eine außerirdische Kulisse – heute allerdings für moderne Hotels mit herrlichen Schwimmbecken.

65, 66. Konya, das antike Ikonion, das Kaiser Barbarossa bei seinem Kreuzzug belagert hat, war im Mittelalter die bedeutendste Stadt Zentralanatoliens. Es war Regierungssitz der seldschukischen Turkstämme, die bereits im 11. und 12. Jahrhundert den Großteil Kleinasiens erobert hatten. Die Herrscher und ihre Würdenträger stifteten hervorragende Sakralbauten. Die Büyük-Karatay-Medrese (1251 errichtet) besitzt heute noch einen Teil der kunstvollen Fayencen-Auskleidung; vorwiegend geometrische Ornamente in den typischen Seldschuken-Farben auf milchweißem Grund.

67. Konya – Mevlana-Külleyesi: Unter der Schirmkuppel befindet sich der prunkvolle Sarkophag eines der größten Mystiker und Gelehrten des Islam, des Celal ed-Din Rumi Mevlana, des Begründers des ehemaligen „Ordens" der drehenden Derwische. Wenn die Anhänger zu Meditationen zusammenkommen, erklingt liebliche Flötenmusik, und sie führen einen strengen Formationstanz (Sema) auf, bei dem sie um sich selbst rotieren. Mevlana lebte im 13. Jahrhundert in Konya, als geistiger Berater des damaligen Seldschuken-Herrschers Alaeddin Keykubad, und sein Gedankengut und seine poetischen Schriften (Mesnevi) werden heute noch in der ganzen islamischen Welt verehrt.

68, 69. Pilgerfahrten nach Mekka sind auch in der Türkei wieder populärer geworden, nachdem der Khomeini-Umsturz im Iran der islamischen Welt einen Anstoß zu vermehrter Demonstration der Frömmigkeit gegeben hat. Die Kopfbedeckung zum „Hac" ist Pflicht, die Bekleidung allerdings nach Belieben, da in Mekka das weiße Tuch angelegt wird. Zu Allah wird mit erhobenen, geöffneten Händen gebetet, natürlich bedeckten Hauptes. In allen größeren Moscheen gibt es einen separierten Platz für die Frauen nach der Überlieferung, daß die Männer beim Gebet nicht von den Frauen abgelenkt werden sollen.

70–72. Der Salzsee (Tuz Gölü) südlich von Konya ist ein geologisches Unikum. Weniger als 1 m tief erstreckt er sich in der mittelanatolischen Ebene und zeigt bei verschiedenen Witterungen phantastische Oberflächenformationen. Am See gibt es eine Anlage zur Salzgewinnung.

73, 74. Daß die bäuerlichen Gerätschaften der Türken so bunt bemalt sind und daß die Frauen nicht genug bunt gemusterte Gewänder tragen können, gehört zur alten Überlieferung von Völkern aus der blumen- und farbenarmen Steppe. Das Mundtuch dient nicht der Verhüllung, sondern als Schutz gegen Staub im trockenen Sommer; riesengroße Melonen aller Formen und köstlicher Geschmacksrichtungen gibt es zuhauf.

75, 76. Das Hauptnahrungsmittel der Türken ist Brot, sehr wohlschmeckendes Weizenbrot. Wenn man sich in der Türkei vor Brotläden anstellt, dann weist das nicht auf Mangelerscheinungen hin, sondern darauf, daß man sich Mühe macht, das allerfrischeste und delikateste Brot zum Essen zu haben. Das heißt, zu allen Gerichten, ob gekochtes Fleisch, Gemüse oder auch Reis (Pilav), wird Brot gegessen.

77–81, 86. Das bekannteste Naturwunder der Türkei heißt Göreme, eine außerirdisch anmutende Landschaft in zirka 1200 m Höhe, zwischen Nevşehir und Kayseri, entstanden durch Erosionen der bei einem gewaltigen Ausbruch des ehemaligen Vulkans Erciyas Daği (mons Argaeus der Antike) herausgeschleuderten Tuffaschefelder. Das gesamte Gebiet von zirka 35 × 35 km ist von romantischen Rinnen, Wellen und Tälern durchzogen, umrandet von unglaublich bizarren Zacken, Türmen, Pilzen, Kegeln usw. – einfach eine „Mondlandschaft", die allerdings sehr „irdisch" von bäuerlichen Siedlungen durchsetzt ist. Dieser vulkanische Boden mit seiner natürlichen Fruchtbarkeit zog bereits in frühchristlicher Zeit Einsiedler an, die in klösterlichen Gemeinschaften oder als Eremiten ihr Leben in gottgefälliger Einfachheit verbrachten, um auf Erlösung zum Ewigen Leben zu warten.

82–85. Refektorium einer Klosteranlage im Gebiet von Göreme; die einfachen geometrischen Bemalungen zeigen, daß diese Anlagen während der Zeit der Bilderverfolgung im byzantinischen Reich entstanden sind. In vielen Höhlenkirchen und -kapellen ist prachtvolle figurale Malerei erhalten, die aus der Zeit nach dem Friedensschluß zwischen Bilderfeinden und -freunden im 9. Jahrhundert stammt.

87. Natürlich ist das Gebiet von Göreme bereits seit Jahrzehnten kunstbegeisterten Touristen aus aller Welt bekannt; für Souvenirjäger hat Ahmed Bey aus Ortahisar etwas Besonderes aus Göreme-Tuffgestein bereit.

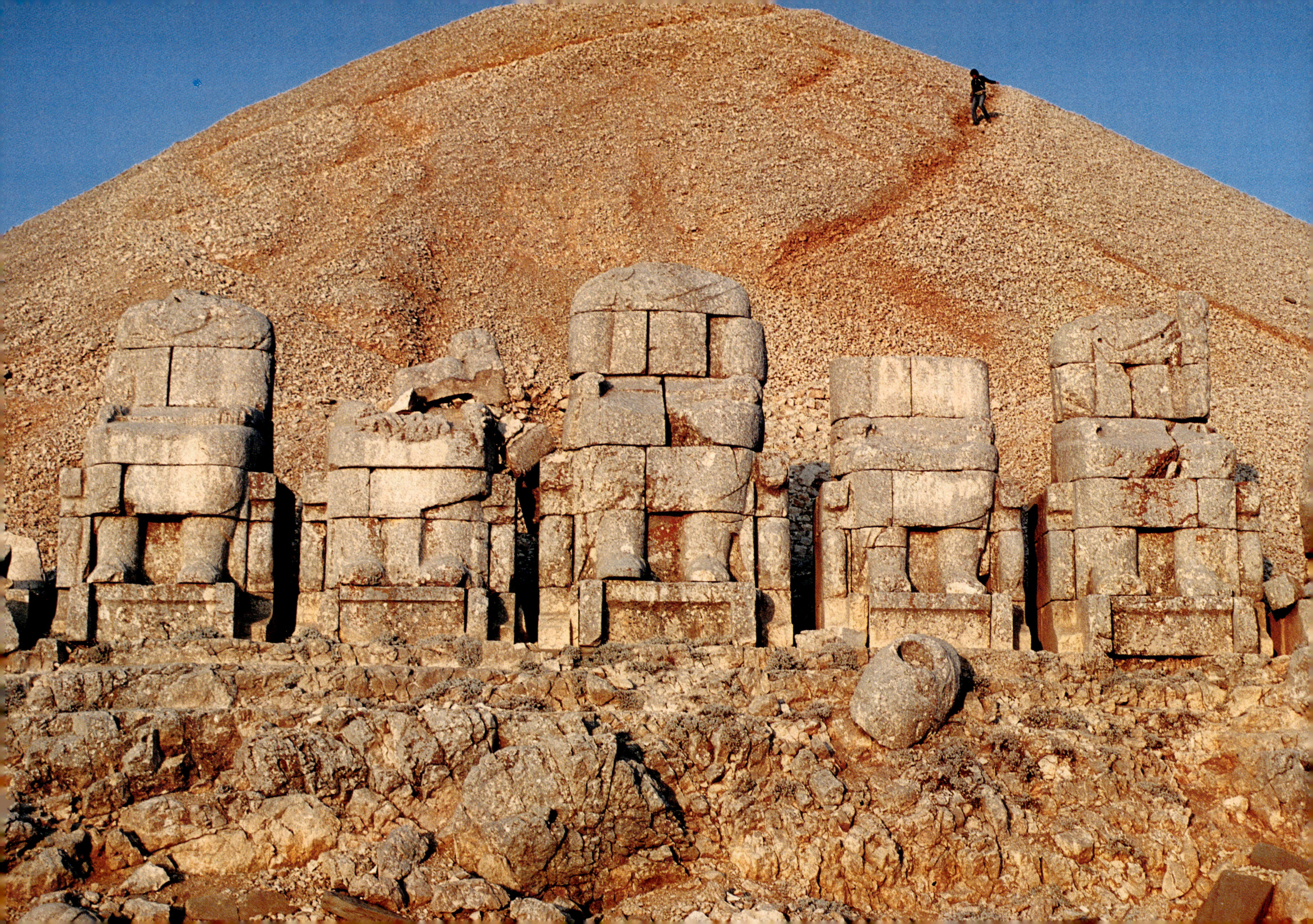

89

90

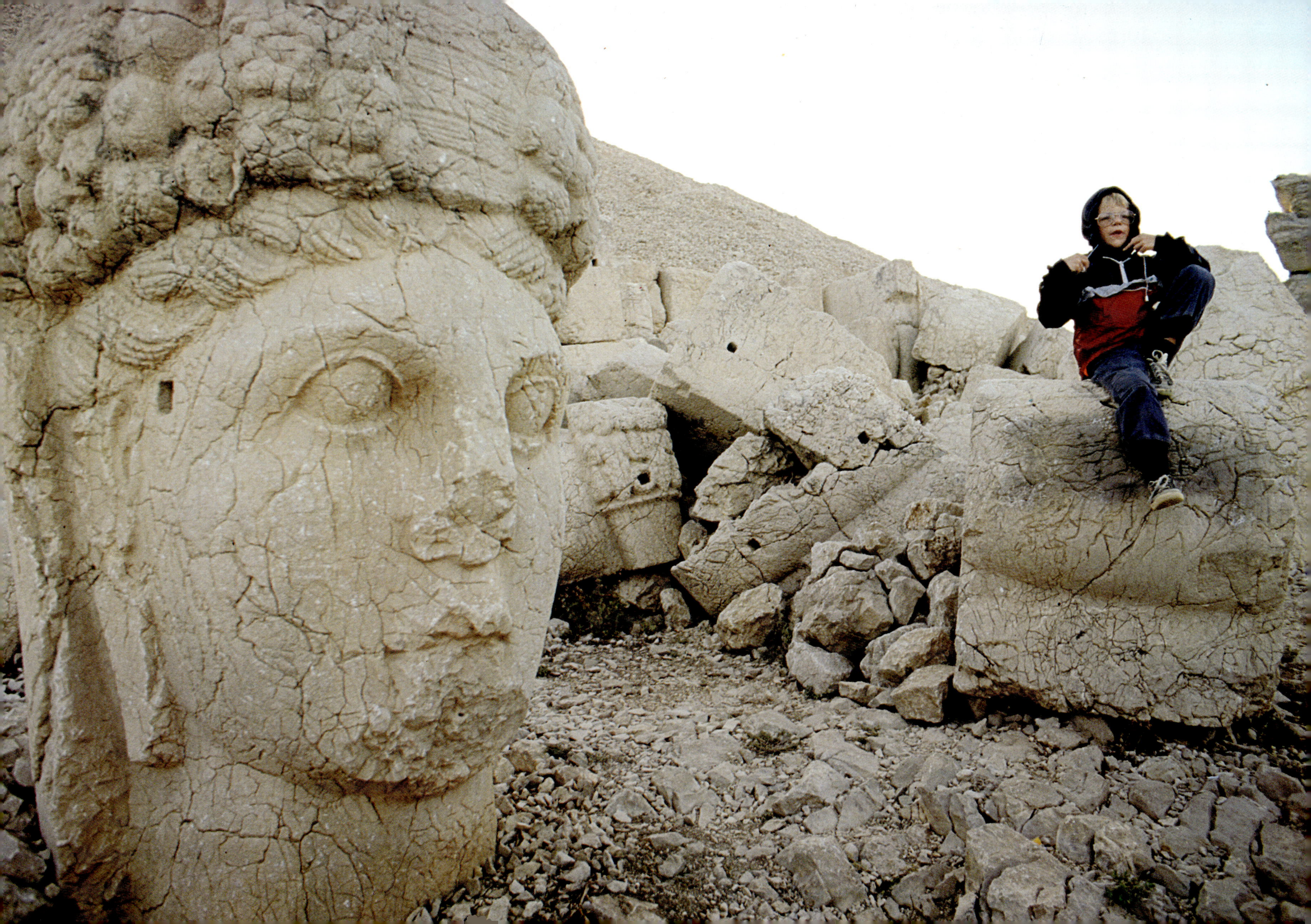

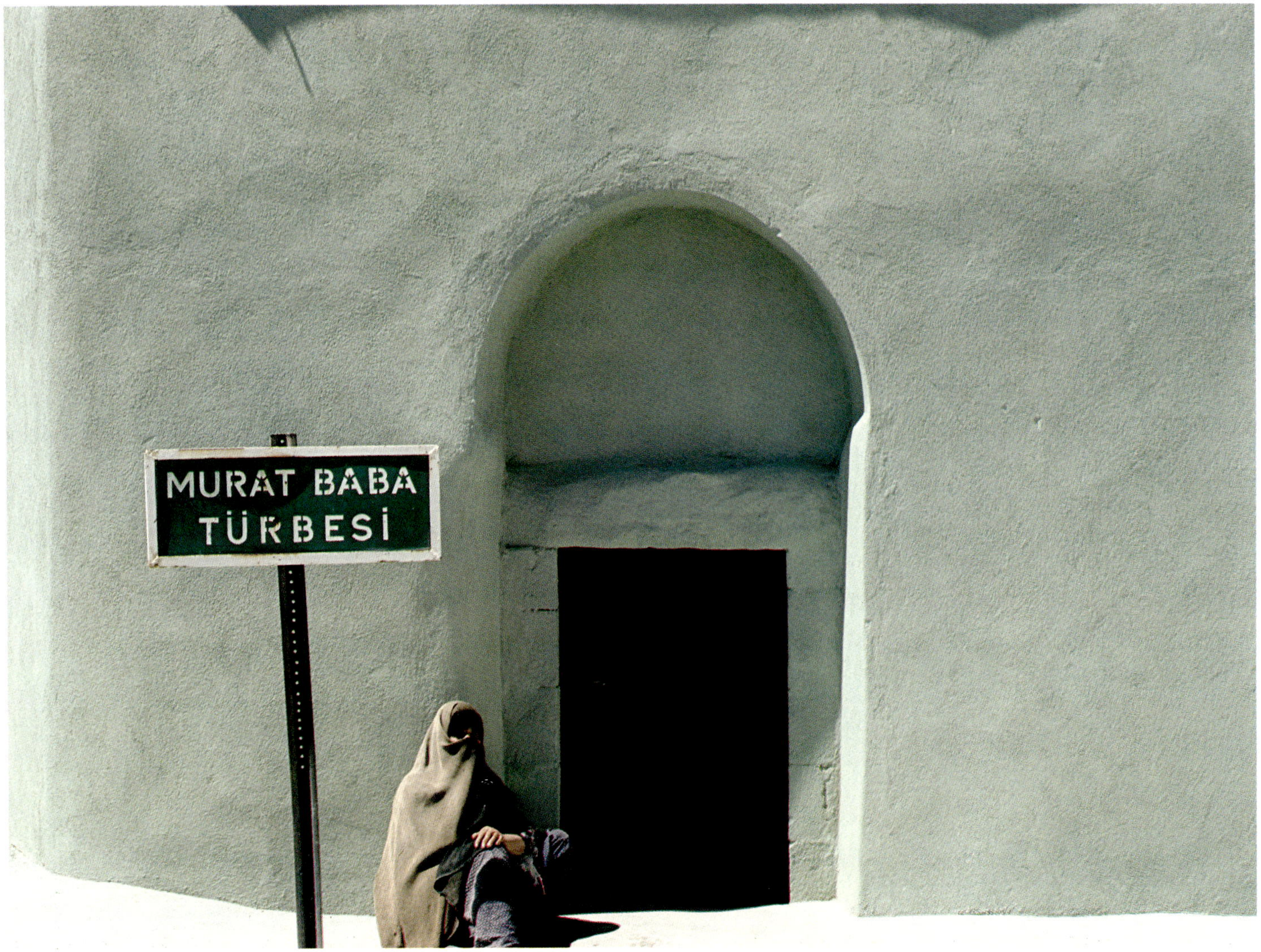
MURAT BABA
TÜRBESİ

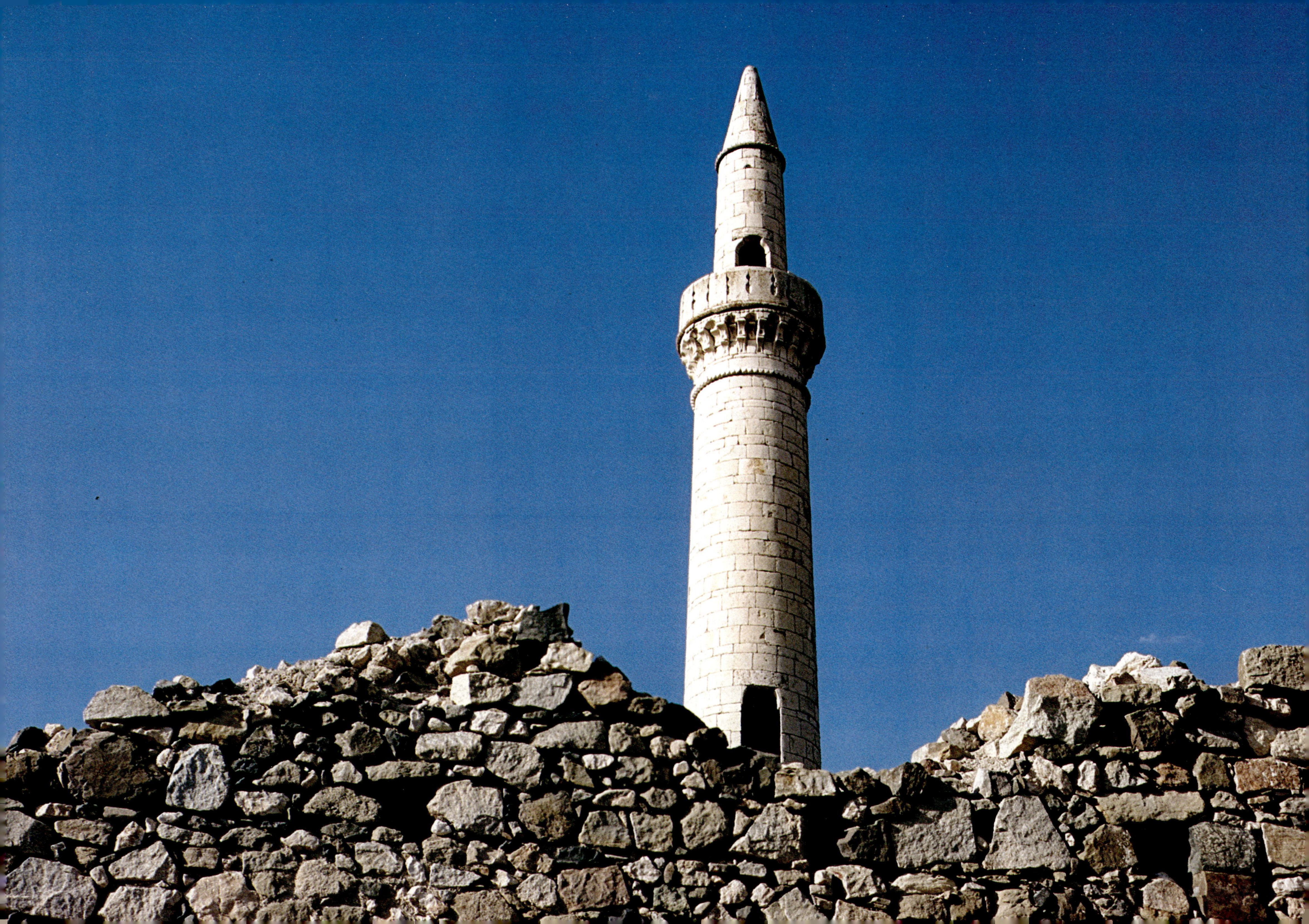

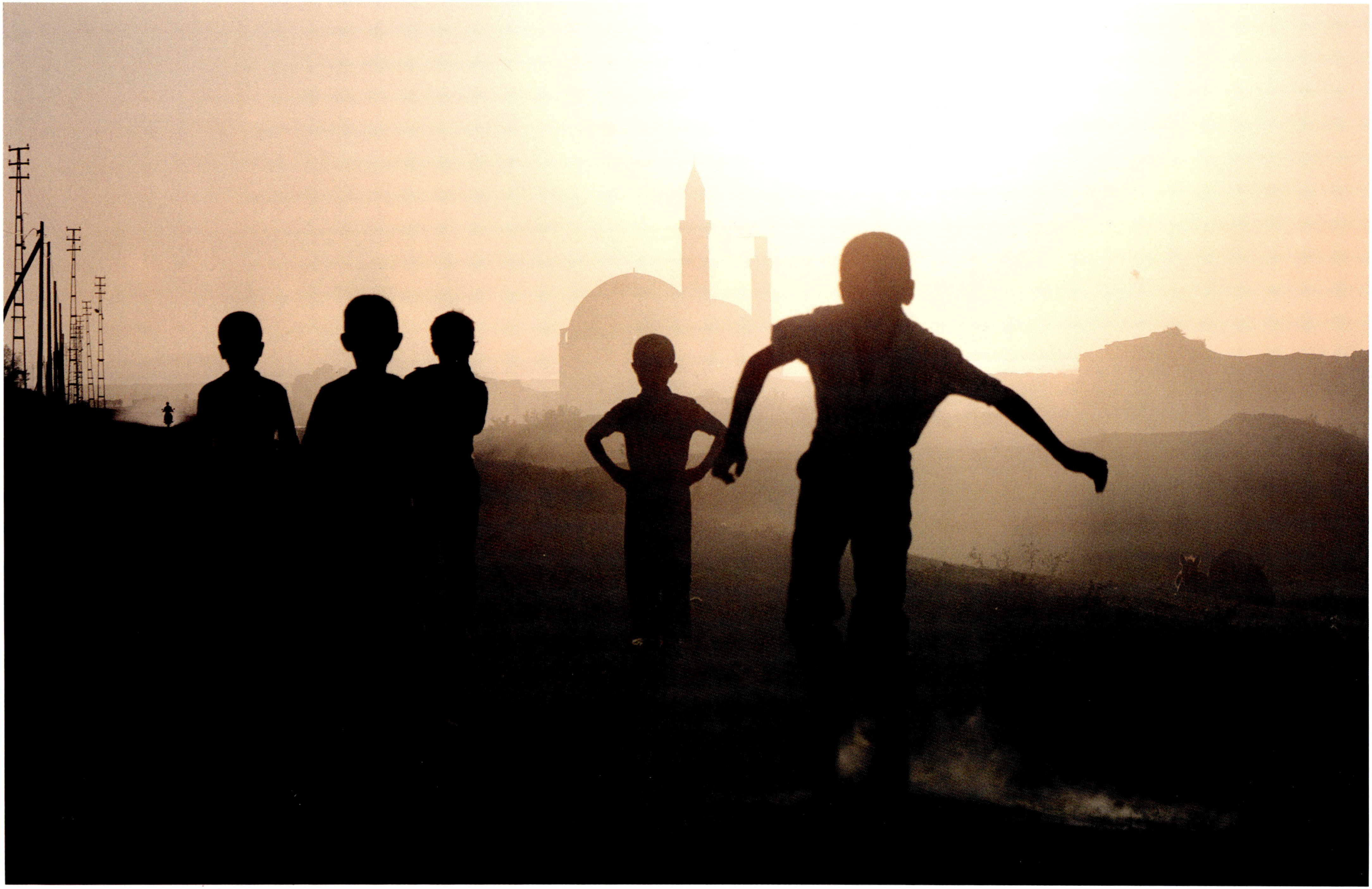

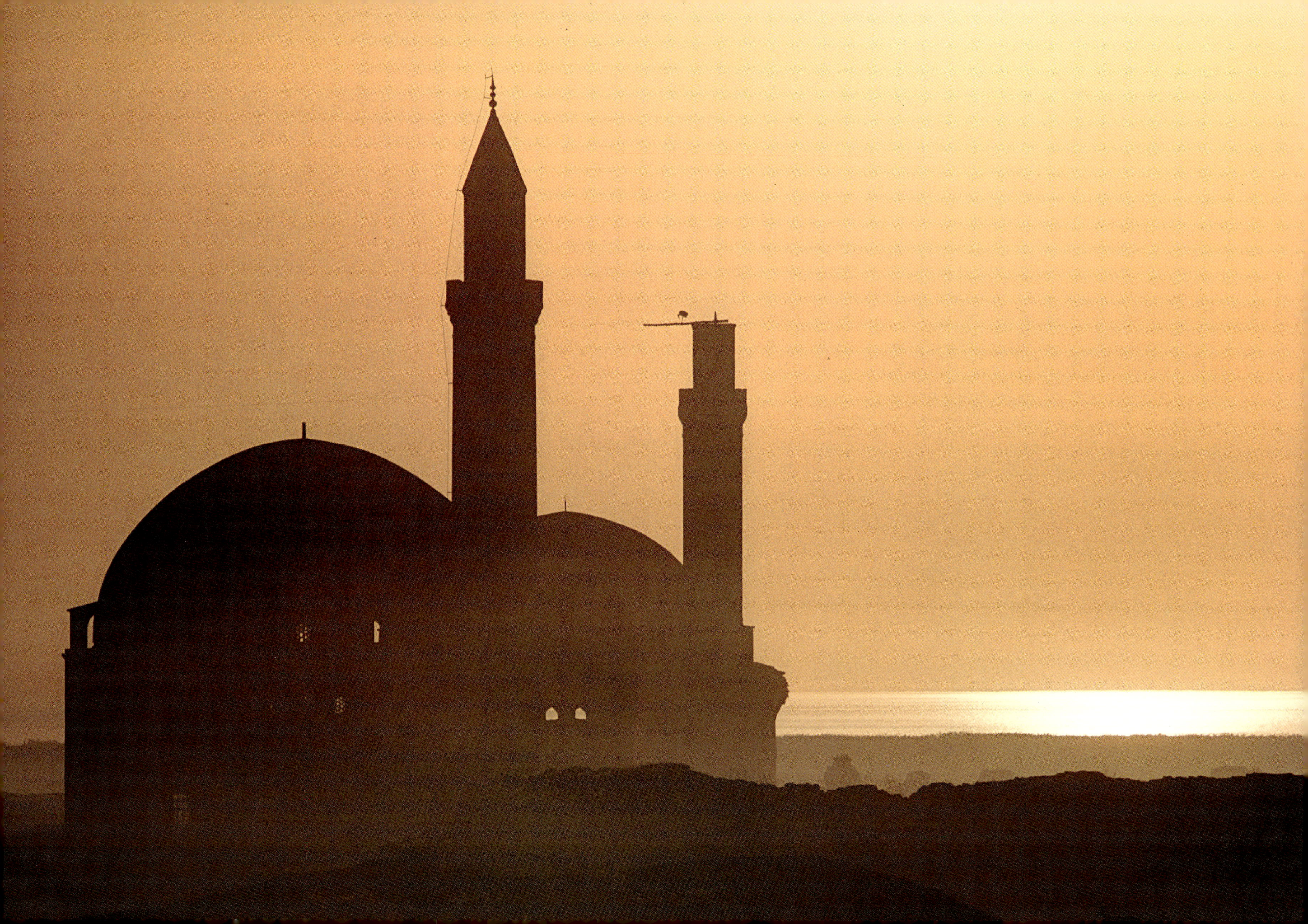

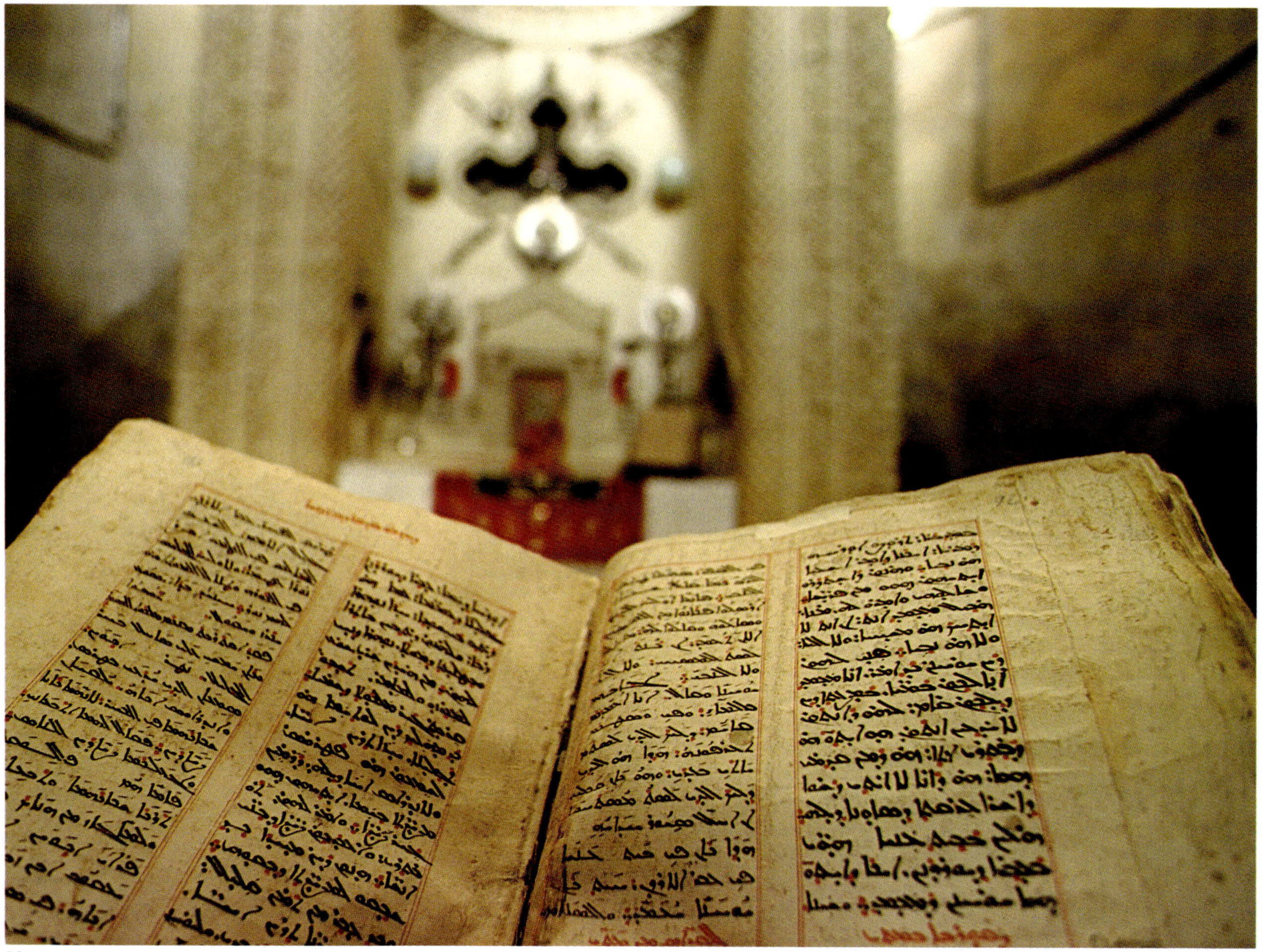

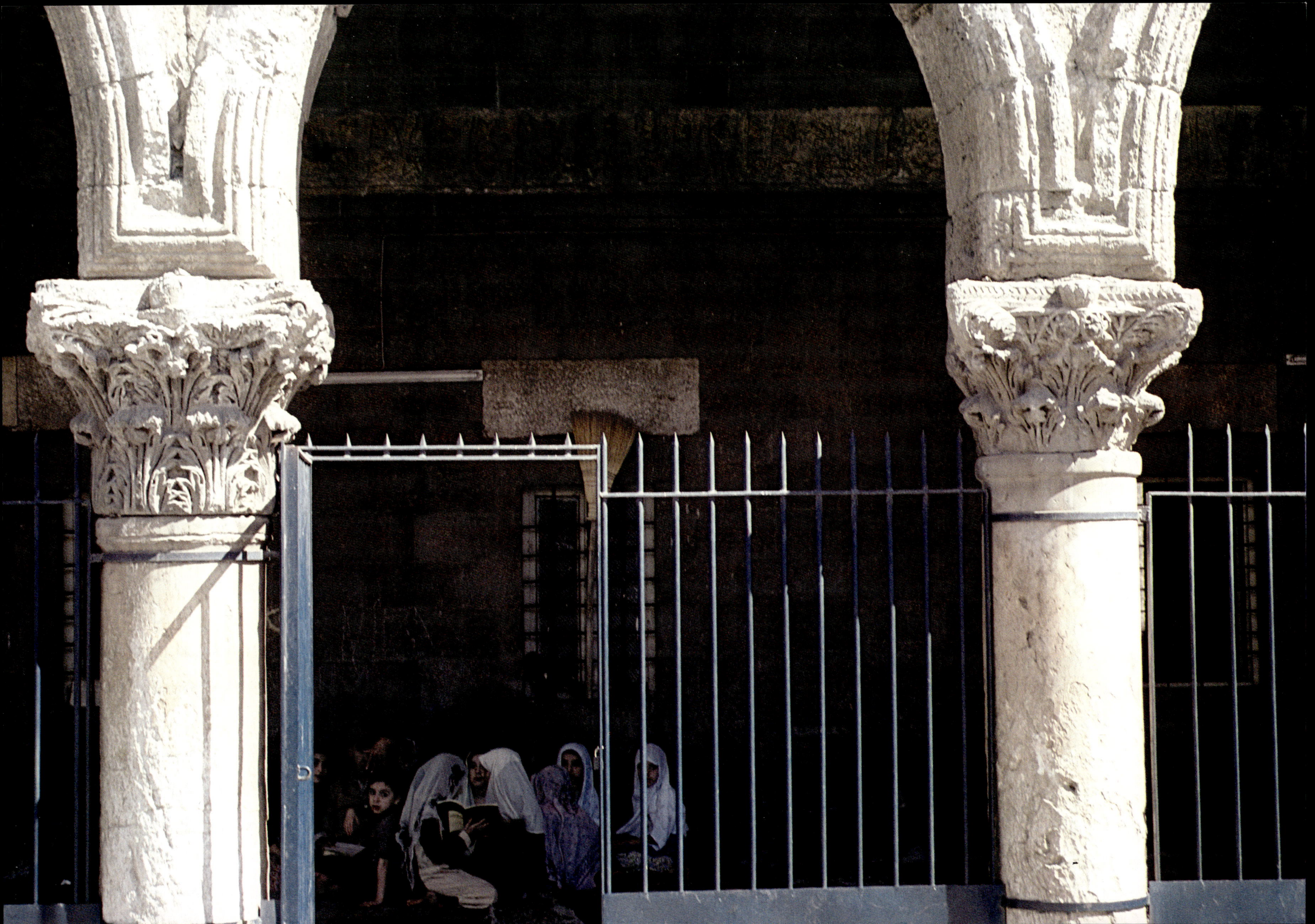

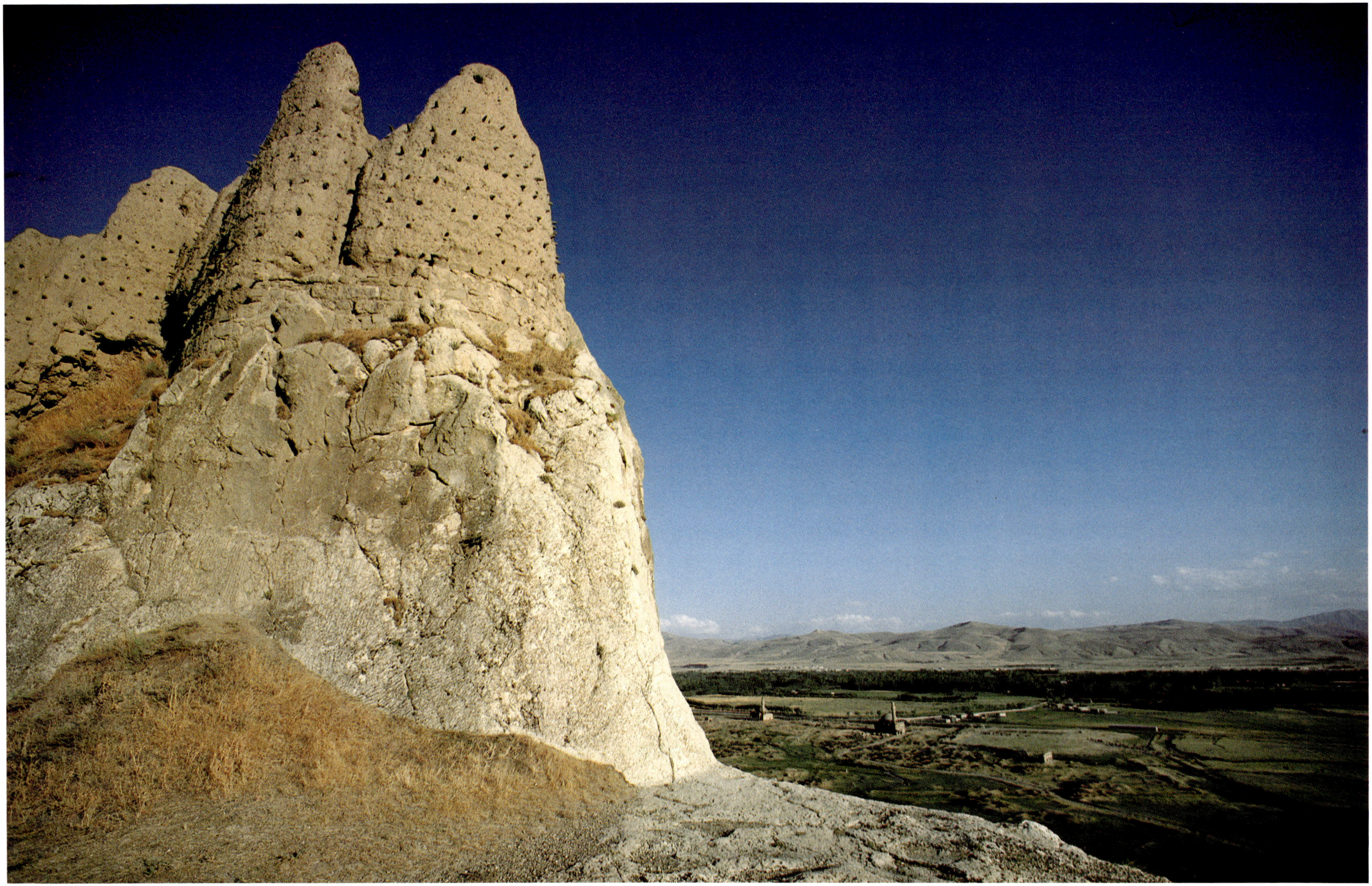

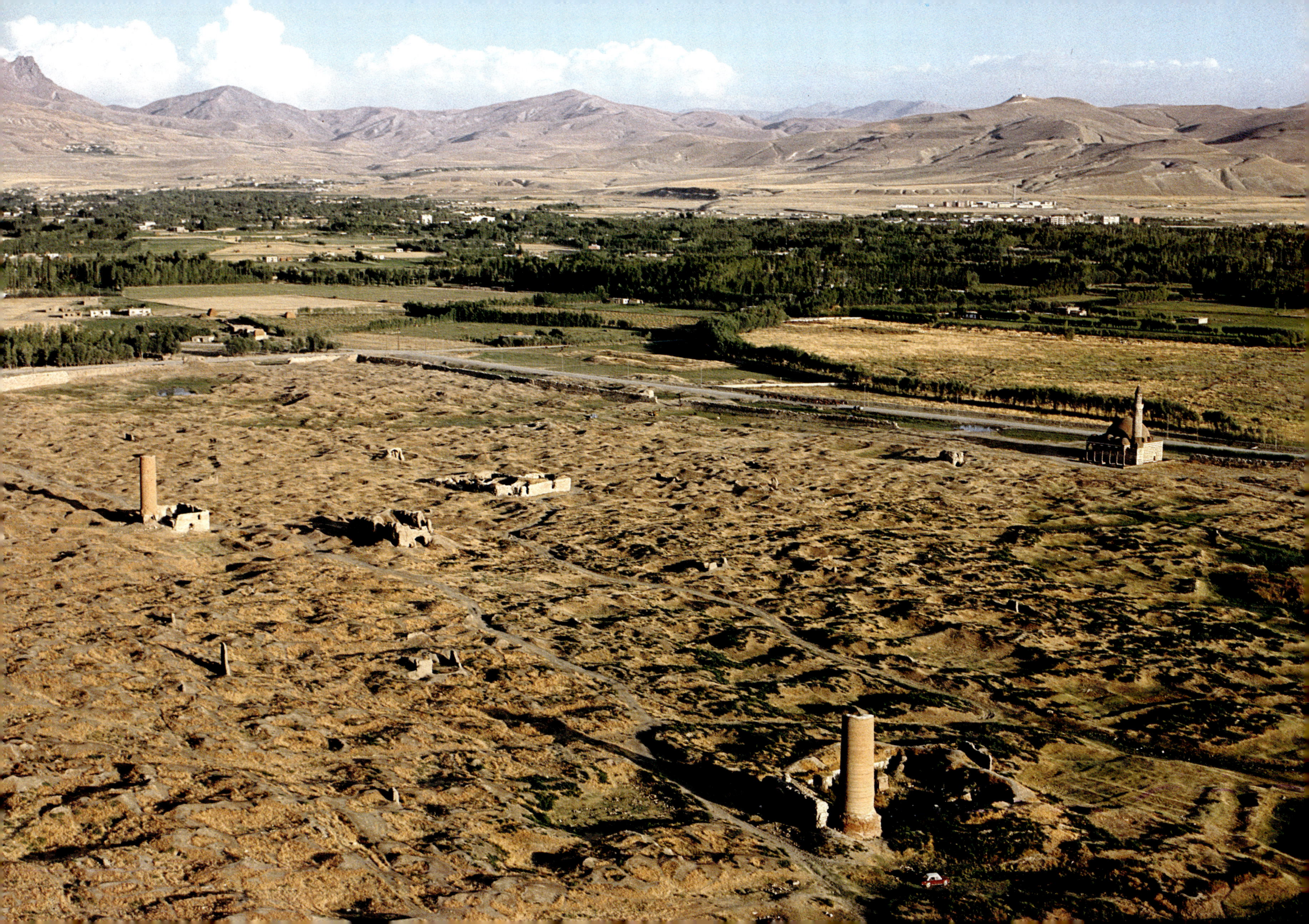

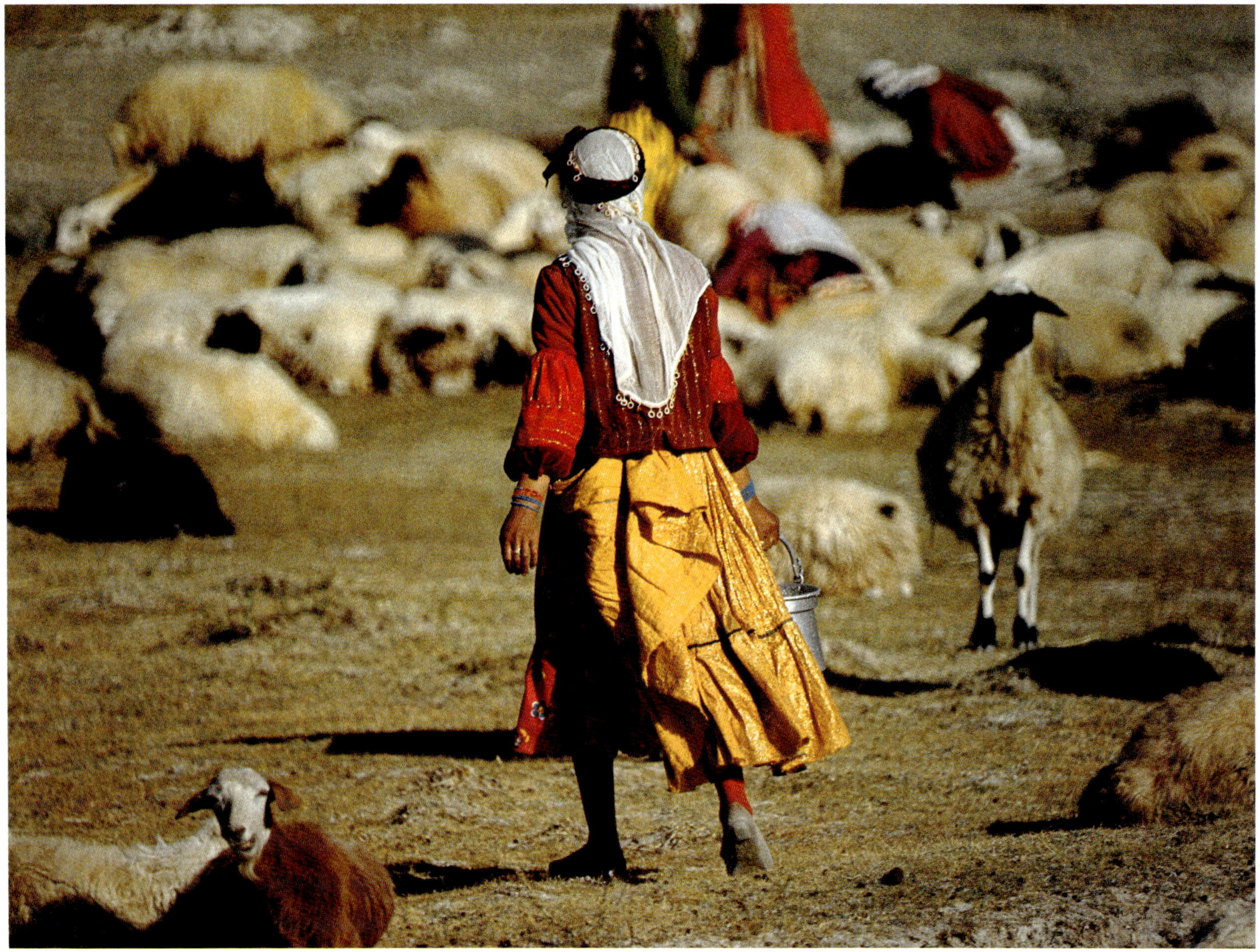

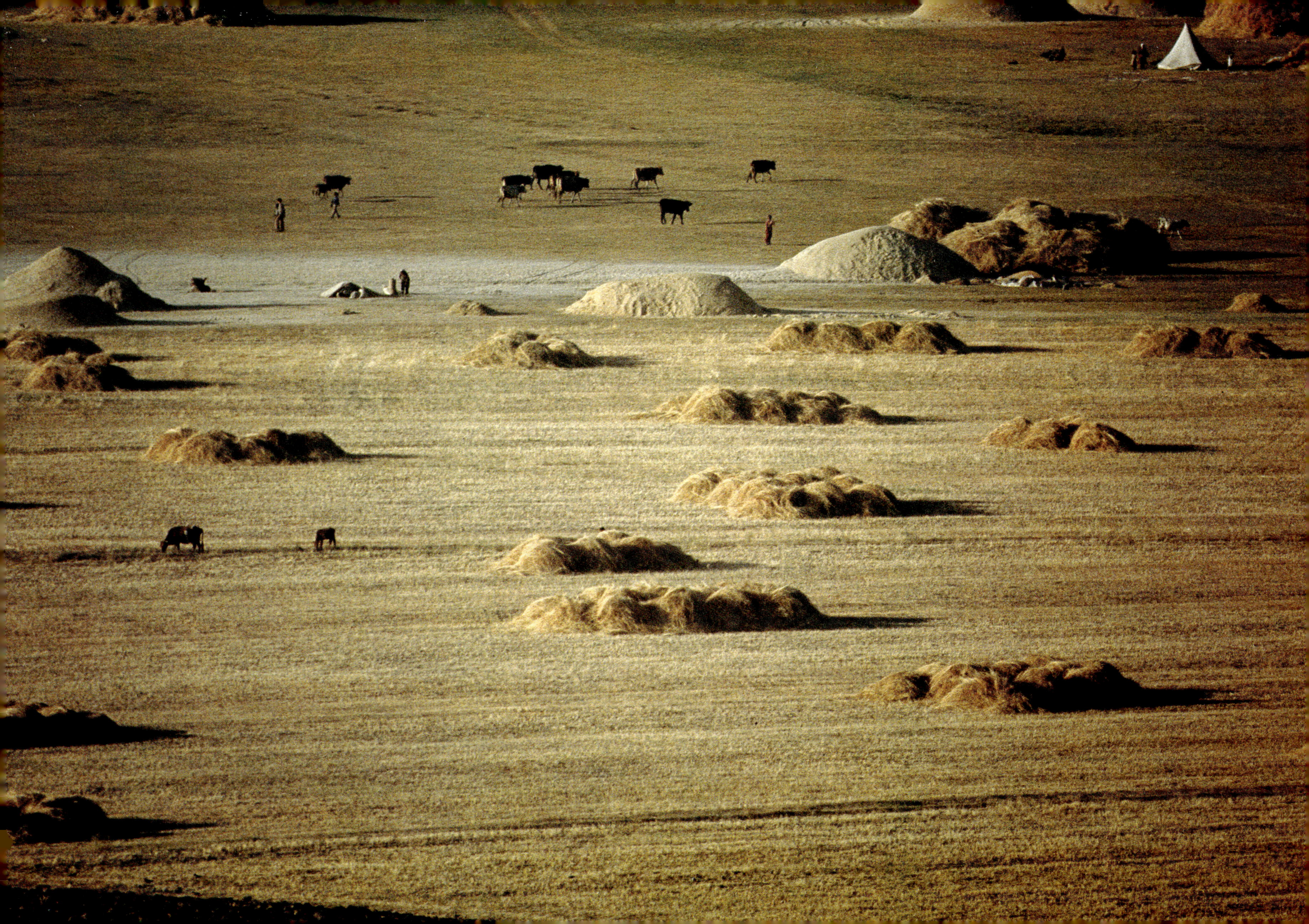

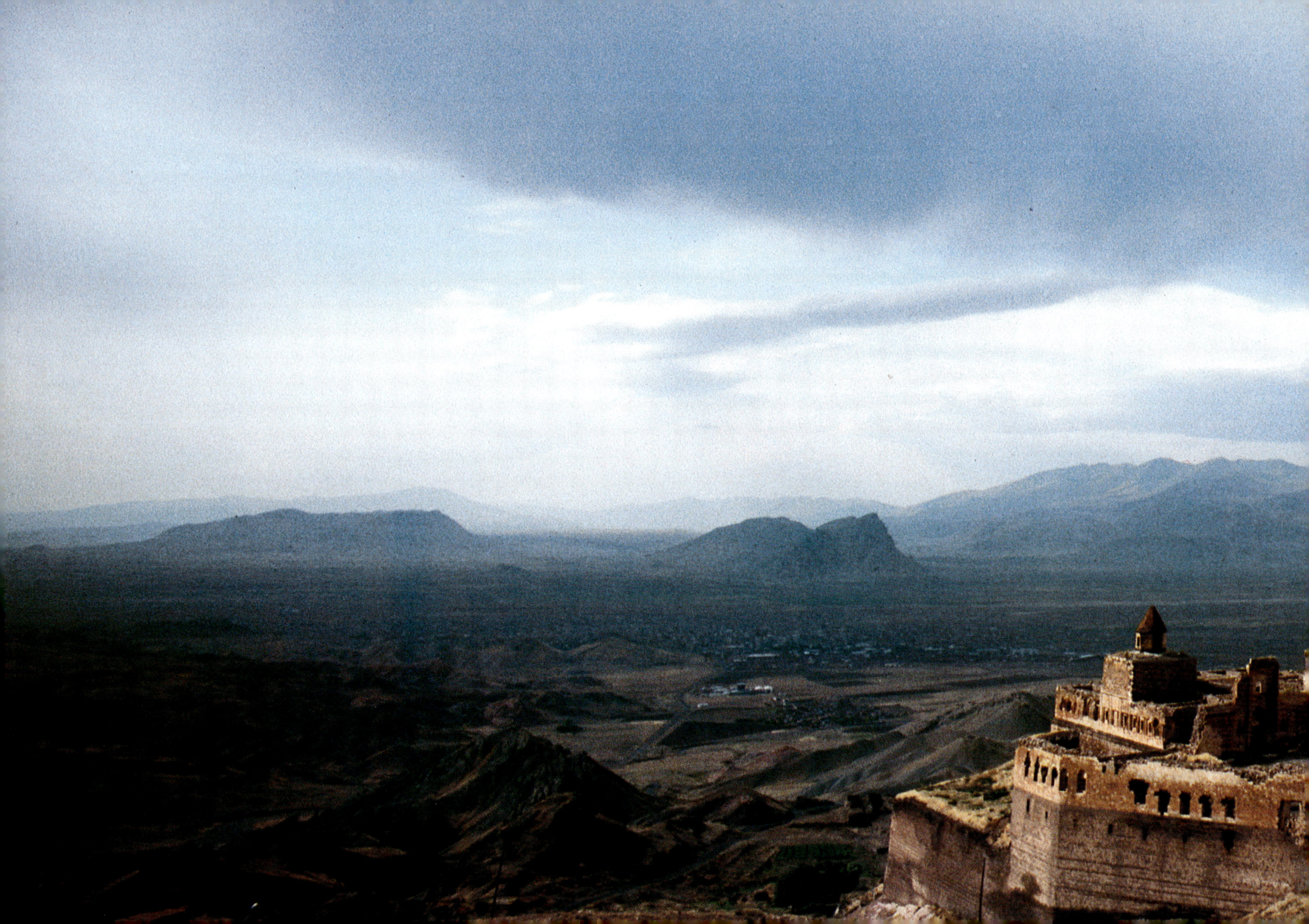

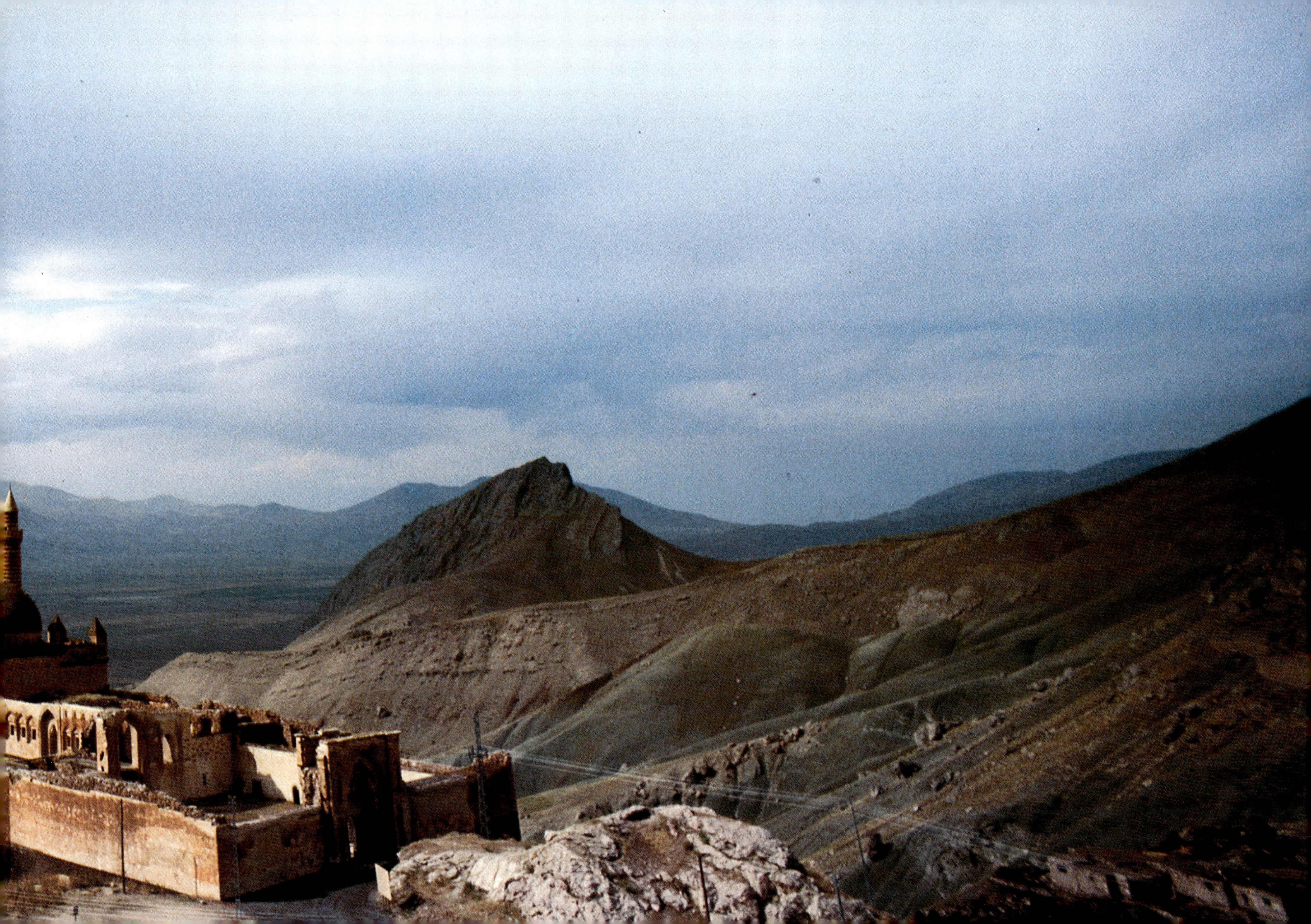

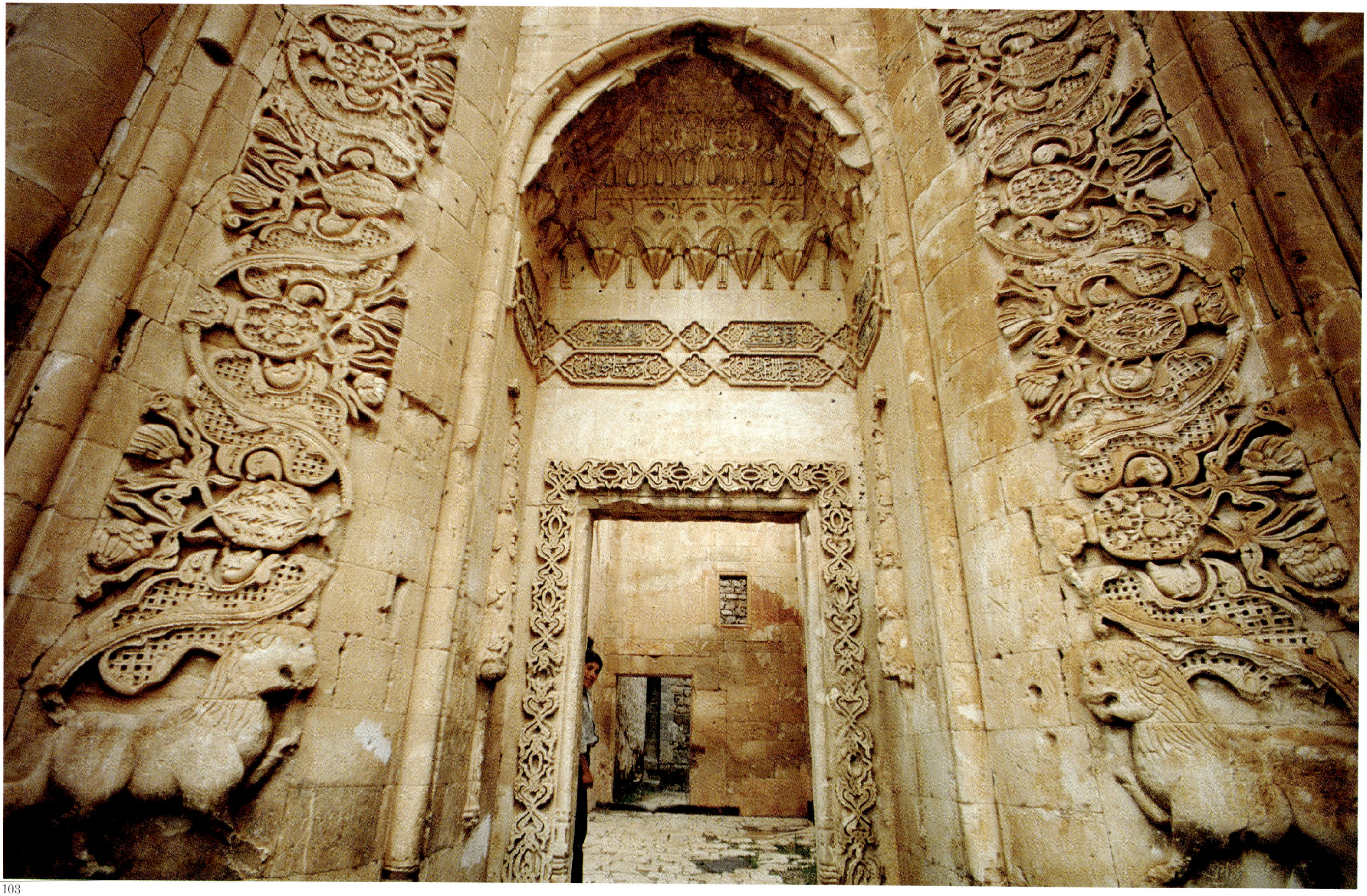

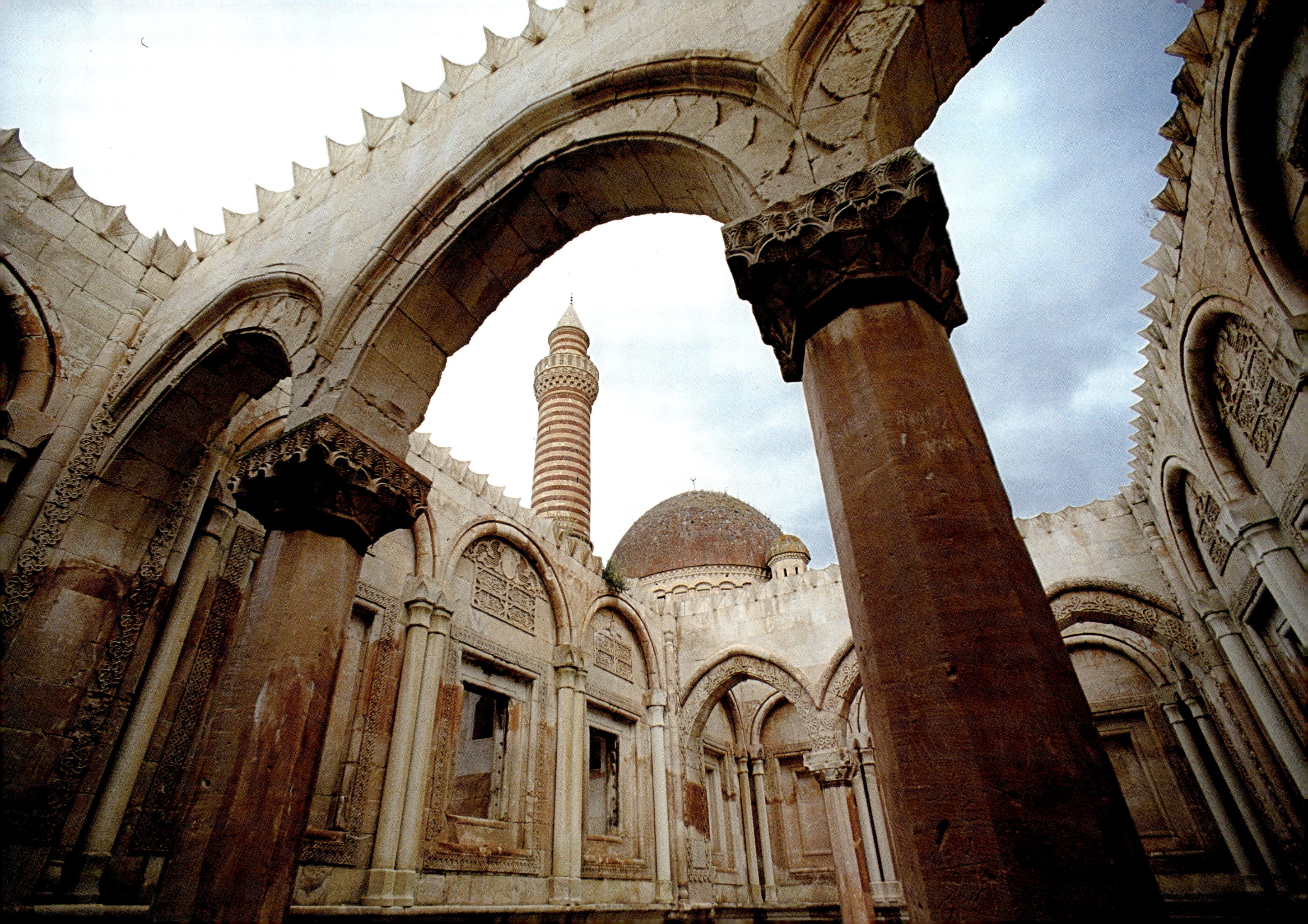

105
106

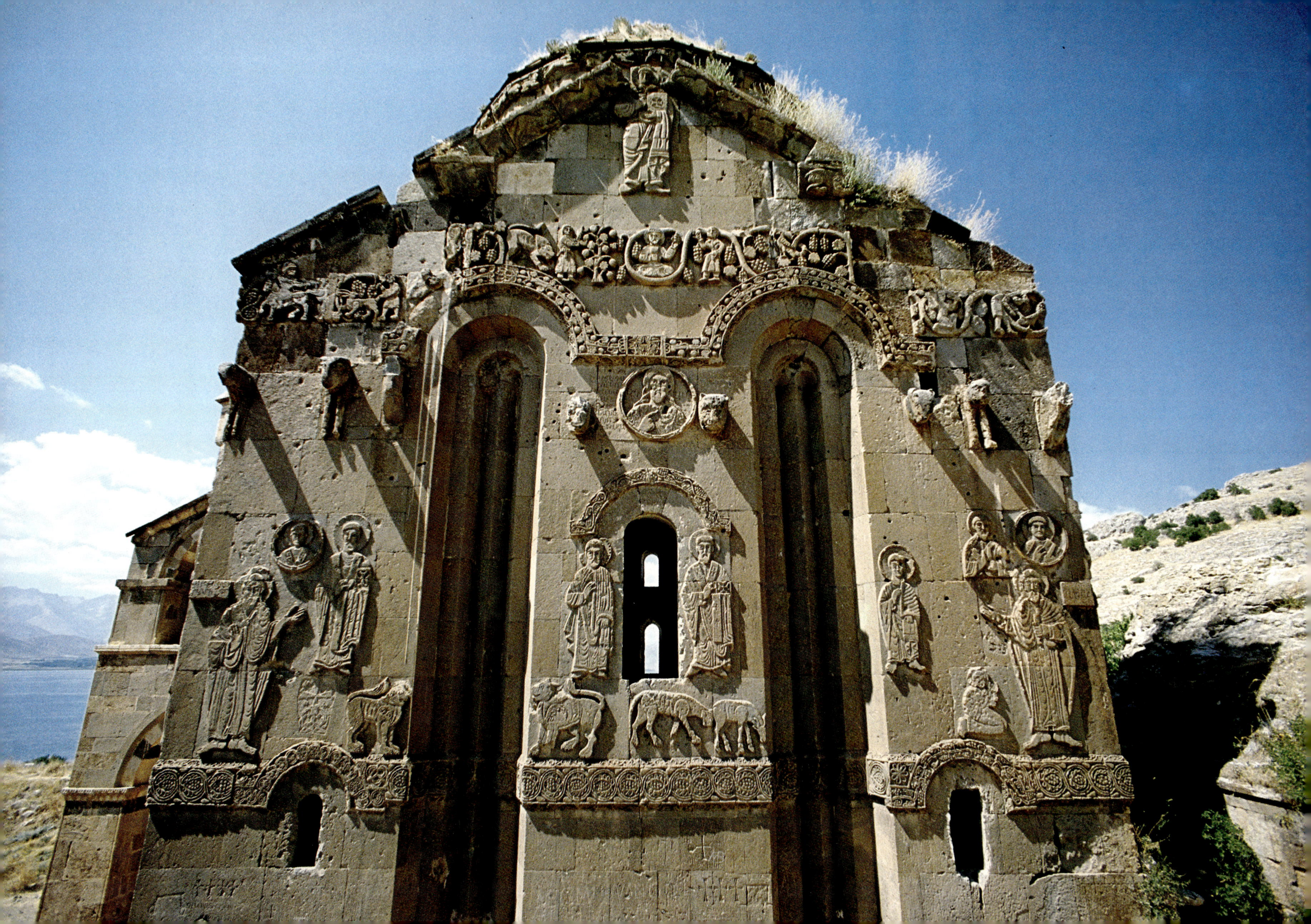

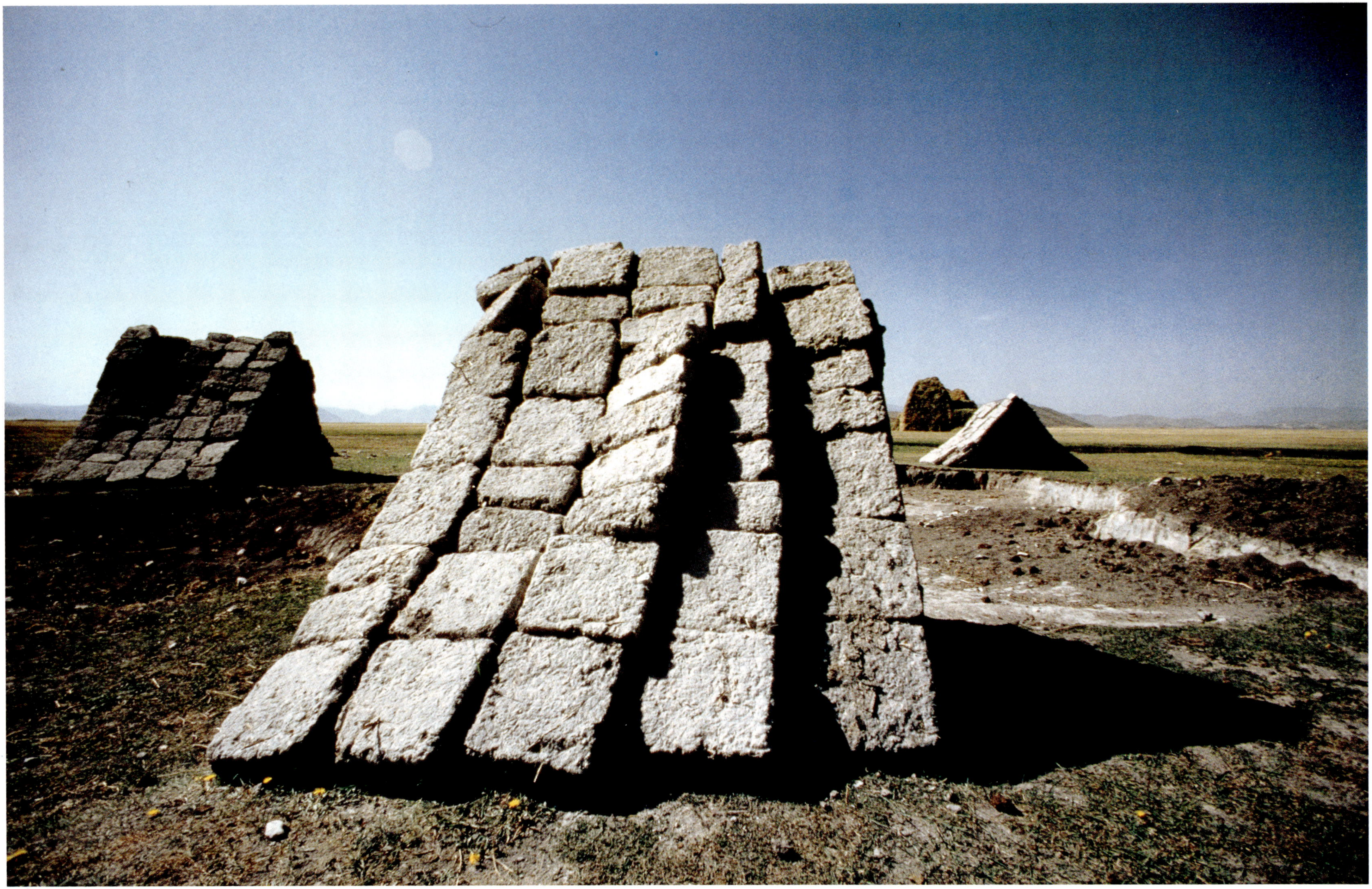

88–91. Nemrut Dağı – der Götterthron über dem Euphrat, ein Wunderwerk, von Menschenhand in der südostanatolischen Bergwelt geschaffen. Im ersten vorchristlichen Jahrhundert machte sich im Gebiet des damaligen Arsameia am Nymphaios ein kleines Königreich unter seinen ehrgeizigen Herrschern, den Kommagenen, stark. Auf dem 2200 m hohen Nemrut Dağı ließ sich König Antiochos I. von Kommagene (69–34 v. Chr.) ein in seiner Art einmaliges Monumentalgrabmal errichten, eine 50 m hohe, händisch aufgeschüttete Steinpyramide, an deren Fuß behauene Terrassen in den vier Himmelsrichtungen Götterthrone tragen. Bei den Statuen, deren prachtvolle Köpfe durch Wettereinflüsse und Erdbeben vorgetragen wurden, ließ Antiochos großzügigen Synkretismus der ganzen griechisch-persischen Götterwelt, ja sogar anatolischer und hethitischer Überlieferungen walten. Zu dem erst nach dem letzten Weltkrieg bekanntgewordenen Götterthron führt eine Autostraße. Aus großen Augen starren Adler und Löwen und die Köpfe von Zeus/Herkules, Kybele/Demeter und des hermesähnlichen jugendlichen Gottes hinab in die Bergwelt und die sich im Osten erstreckende Wüstenlandschaft, wo der junge Euphrat (Firat) seinen Weg ins Zweistromland nimmt.

92, 93. Ostanatolische Impressionen: In vielen anatolischen Ortschaften gibt es alte, sorgfältig gepflegte Grabmäler, in denen ein „Baba" oder „Seyid" ruht, der zu Lebzeiten durch besondere Frömmigkeit und Wohltätigkeit Verehrung erworben hat.
Alte Burgen, zum Teil urartäischen Ursprungs (10. bis 7. Jahrhundert v. Chr.), gibt es in vielen ostanatolischen Städten. Sie sitzen auf Bergspitzen oder Felsen, die Naturfestungen sind, und weisen oft noch Überreste türkischer Befestigungen aus dem 16. und 17. Jahrhundert auf, als Persien der Hauptfeind des Osmanischen Reichs war.

94, 95, 98, 99. Die Stadt Van liegt am Südostufer des Van-Sees, der in 1720 m Höhe eine Fläche von 3700 km² bedeckt, etwa das Siebenfache des Bodensees. Von rauhen Gebirgszacken umgeben schimmert der See in einem besonders markanten Blau. Die alte Stadt Van schmiegt sich an den Fuß des Burgfelsens mit Grabkammern und Inschriften urartäischer Könige. Sie wurde im Ersten Weltkrieg im Kampf der osmanischen Truppen gegen die angreifenden Russen zerstört, und nur die Ruinen ehemals prächtiger Moscheen ragen aus dem Trümmerfeld. Die unweit gelegene neue Stadt Van ist ganz modern geplant und besitzt ein ausgezeichnetes Museum mit urartäischen Kunstschätzen und prägnanten Beispielen der lokalen Teppichknüpferei.

96, 97. In vielen alten Städten Ostanatoliens finden sich überraschend reiche Kunstschätze, prachtvolle Medresenanlagen, Grabmäler und anmutig gestaltete Bibliotheken, die mehr als 900 Jahre alt sind und aus der Zeit stammen, als der Islam nach Kleinasien hineingetragen wurde. Uralte Handschriften, ob Koran-Exemplare oder religiöse Abhandlungen, Bücher über Mystizismus oder Koran-Auslegungen, alle sind in der kunstvollen arabischen Schrift auf handgeschöpftem Papier niedergelegt; die Kunst der Papierherstellung hat der Westen vom Orient gelernt.
Alle sakralen Bauwerke in den östlichen Städten (auf Bild 97 Diyarbakır) besitzen meterdicke Steinwände, wirken aber trotzdem leicht und harmonisch. Ausgewogene Bogenstellungen, prachtvolle Kapitelle, Marmorschmuck und Reliefarbeiten lockern die Wirkung der wuchtigen Bauten auf und zeugen für die uralte überlieferte Kunst meisterlicher Steinbearbeitung.

100, 101. Schafe, Ziegen und Büffel sind der Reichtum der bäuerlichen Bevölkerung in Ostanatolien. Die Büffel liefern nicht nur Milch, Käse und Butter, sondern dienen auch als Zugtiere. Selbst in Höhen über 1700 m gibt es in der Osttürkei noch reiche Getreideernten.

102–104. An der türkisch-persischen Grenze in zirka 1800 m Höhe, nahe beim legendenumwobenen Berg Ararat, liegt ein kleines Prunkstück osmanischer Baukunst, der Ishakpaşa Sarayı, ein von einer Schutzmauer umgebenes Kleinod, um 1700 vom damaligen Gouverneur der Provinz errichtet. Wie ein Zeigefinger ragt das elegante Minarett empor, und wenn man es besteigt, bietet sich ein überwältigender Rundblick auf die wilde, aride Landschaft am Fuß des ehemaligen Vulkans. – Und als Kontrast fürs Auge: Übereiche Ornamente, die die Wände, Nischen, Bögen und Kuppeln in der Palastanlage bedecken, Kompositionen aus Blumenmotiven und stilisierte Tierdarstellungen.

105–107. Das Lebensbaum-Motiv, geflügelte Löwen, pralle Weintrauben und ein Bär mit Hasen bei paradiesischem Spiel zählen zu den Schmuckelementen der Kirche auf der Insel Ahtamar im Van-See. Zu diesem Meisterwerk armenischer Baukunst aus dem 10. Jahrhundert gehörte früher eine große Klosteranlage, die auch Sitz der armenischen Patriarchen war. Die Ornamentbänder und Heiligenfiguren sind in einer besonderen Hochrelieftechnik gearbeitet, mit bis zu 30 cm tiefen Einkerbungen, die den Gestalten fast vollplastische Wirkung verleiht.

108. Çaldıran hat für die Türken besondere geschichtliche Bedeutung: hier fand unweit des Van-Sees die blutige Schlacht statt, in der Selım I. den persischen Safavidenherrscher Ismail besiegte (1514); sie ist auch in einem großen Wandgemälde im „Palast der vierzig Säulen" in Isfahan festgehalten.

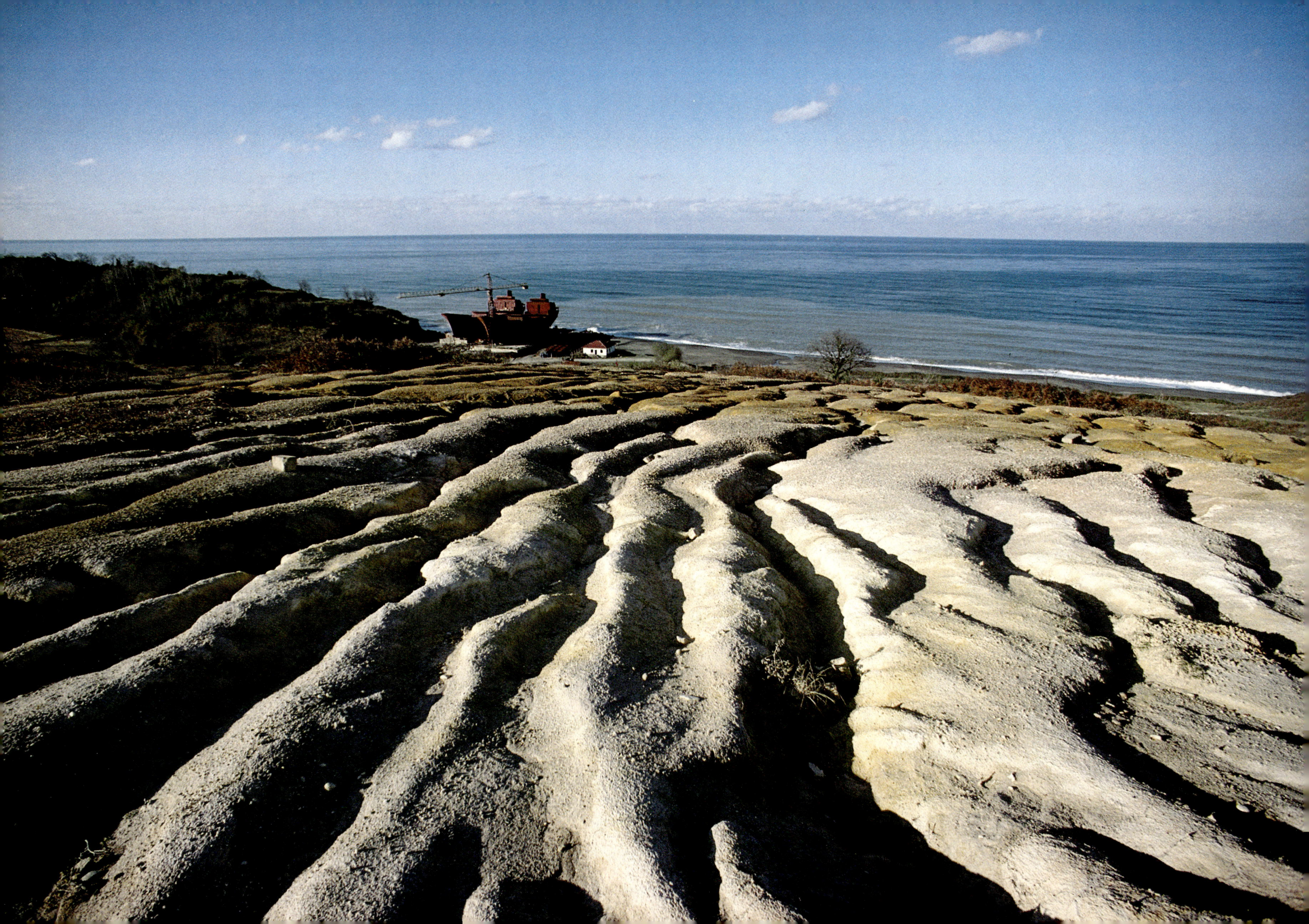

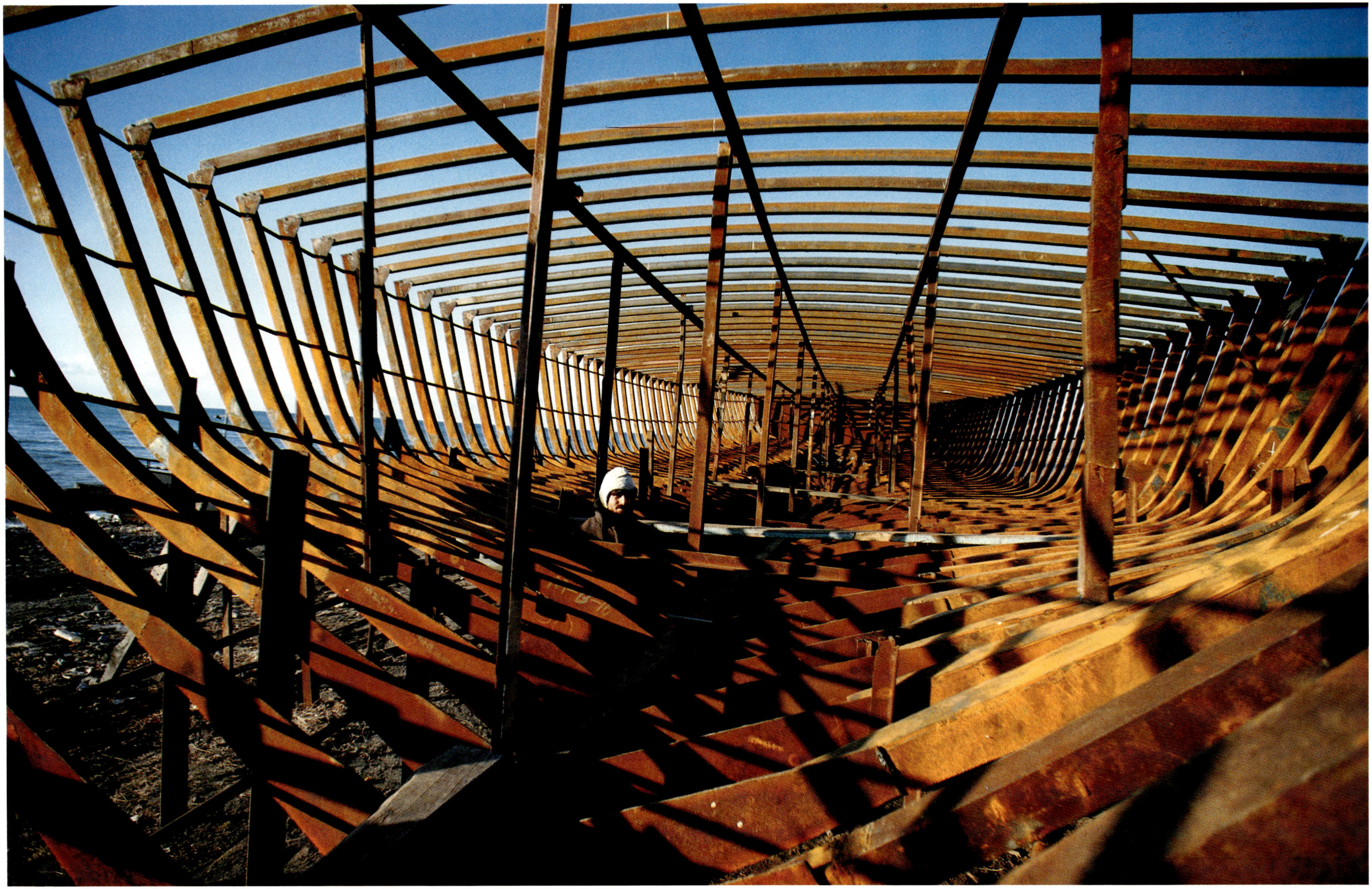

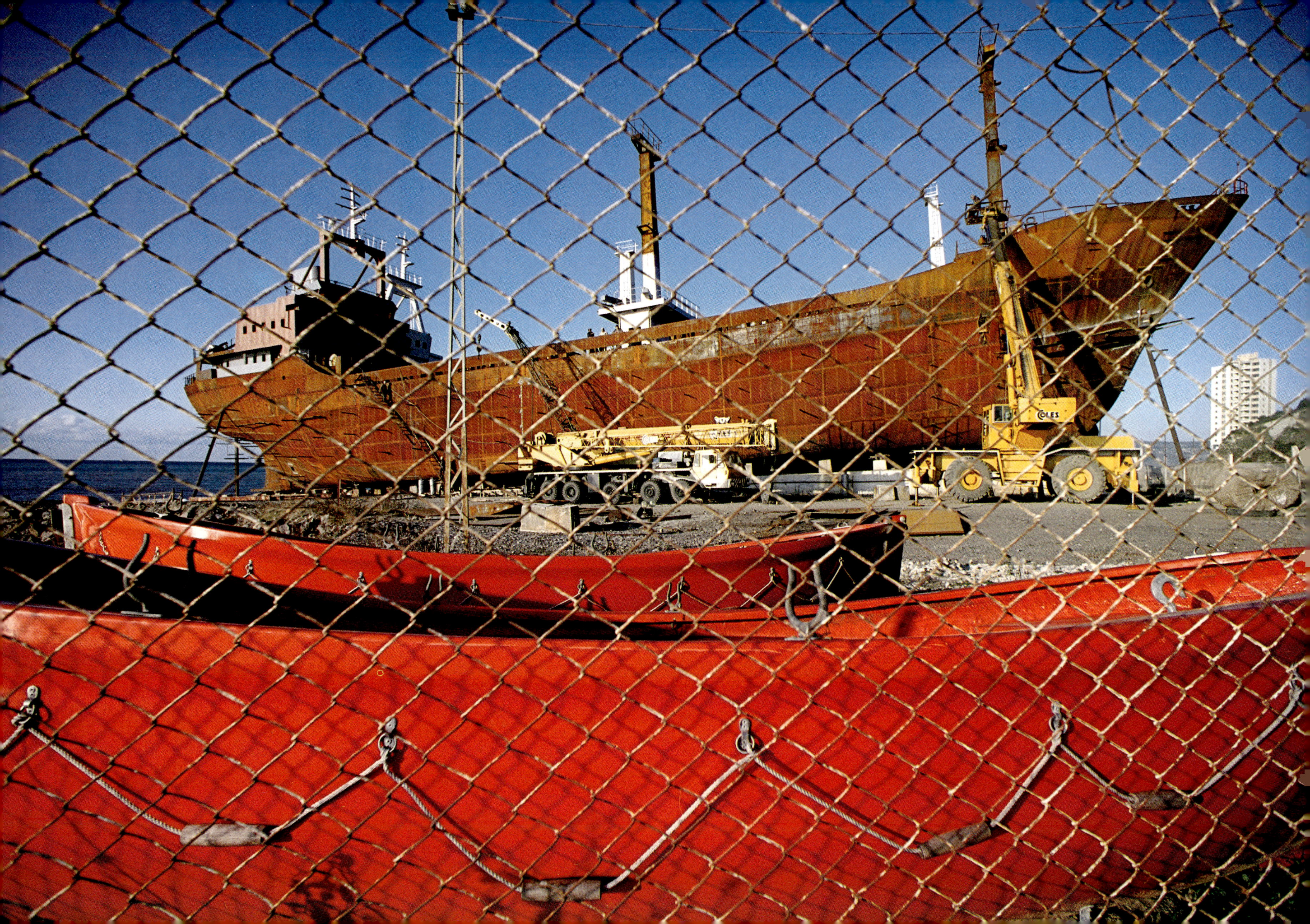

112

113

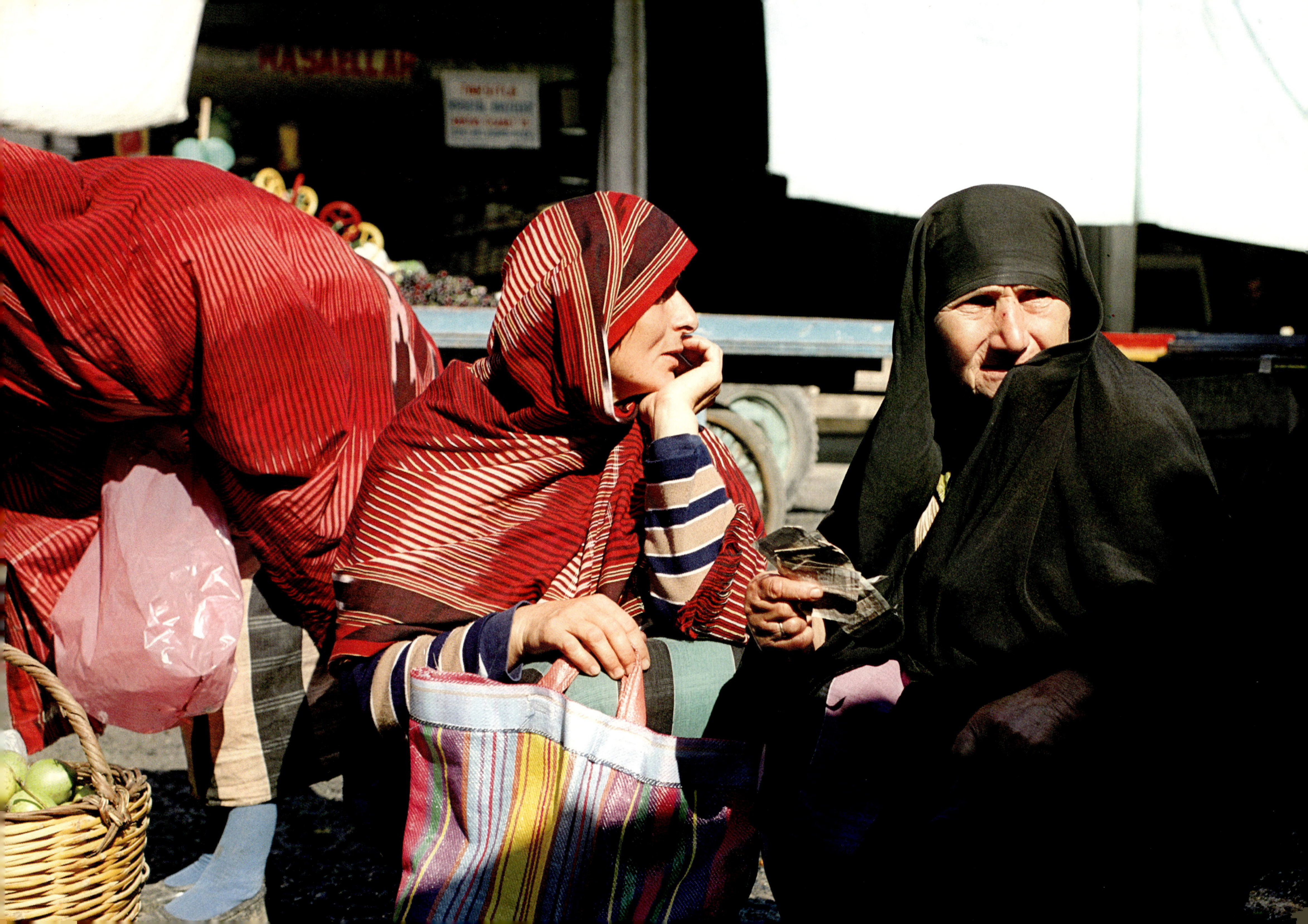

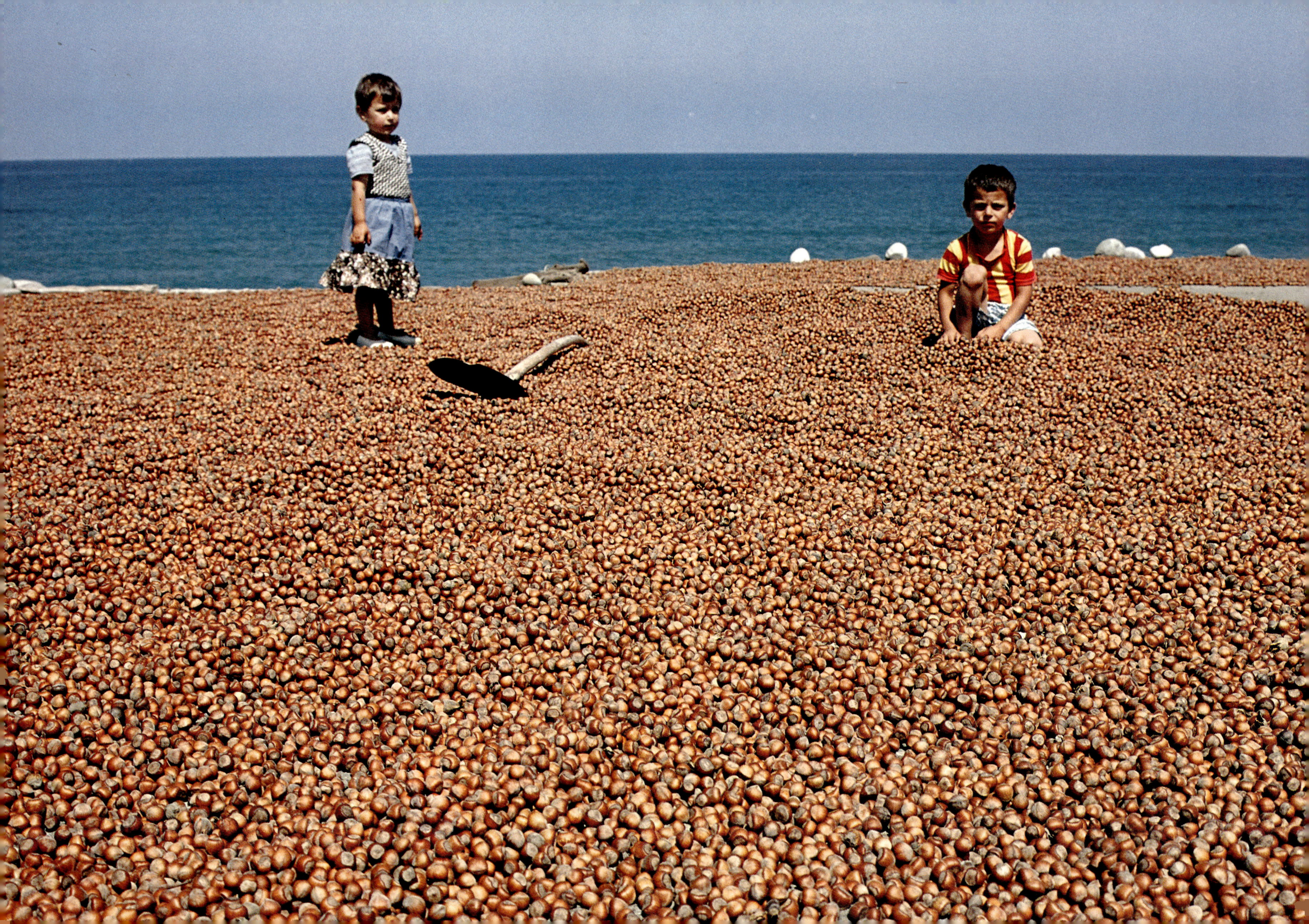

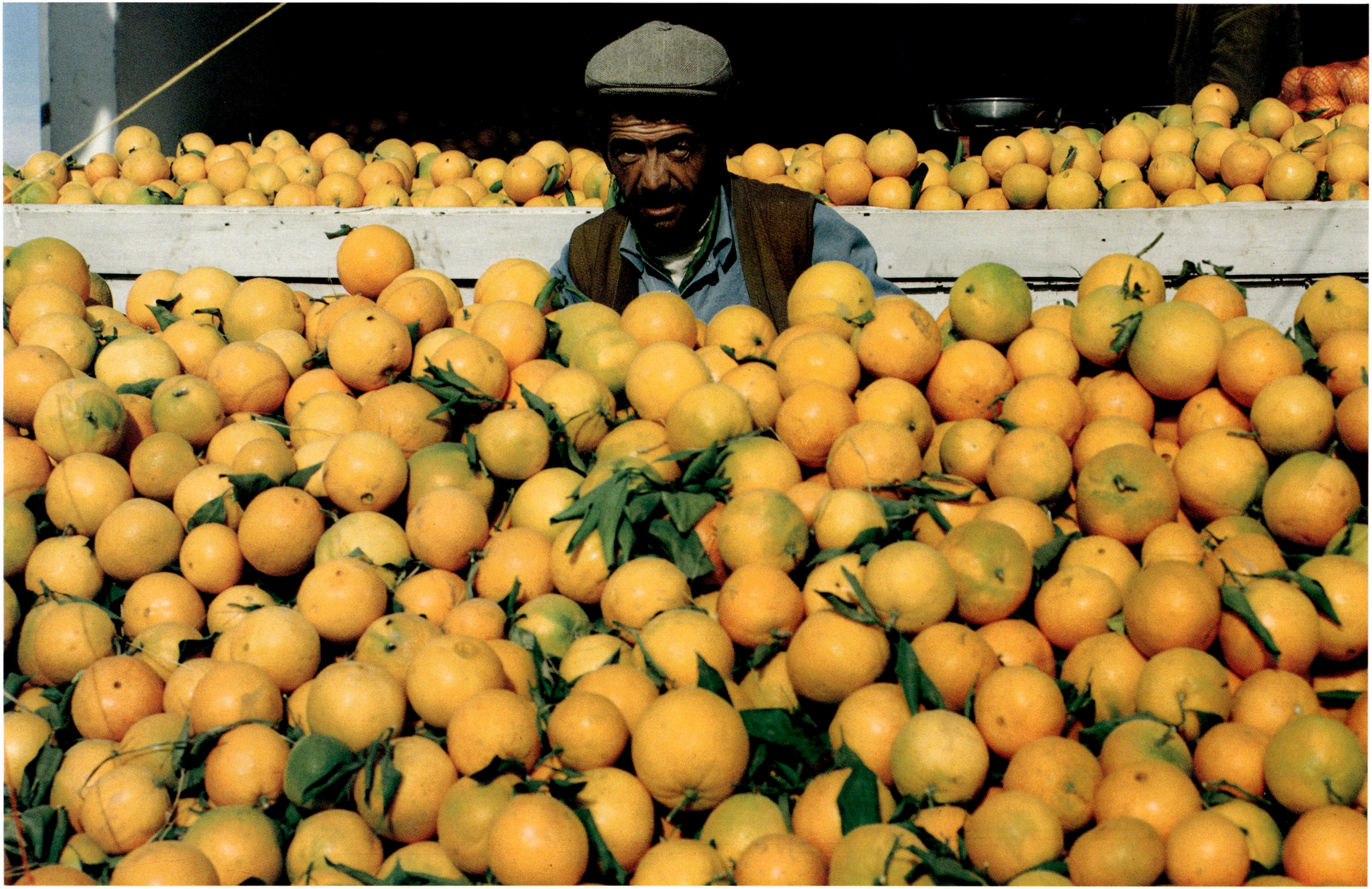

117

118

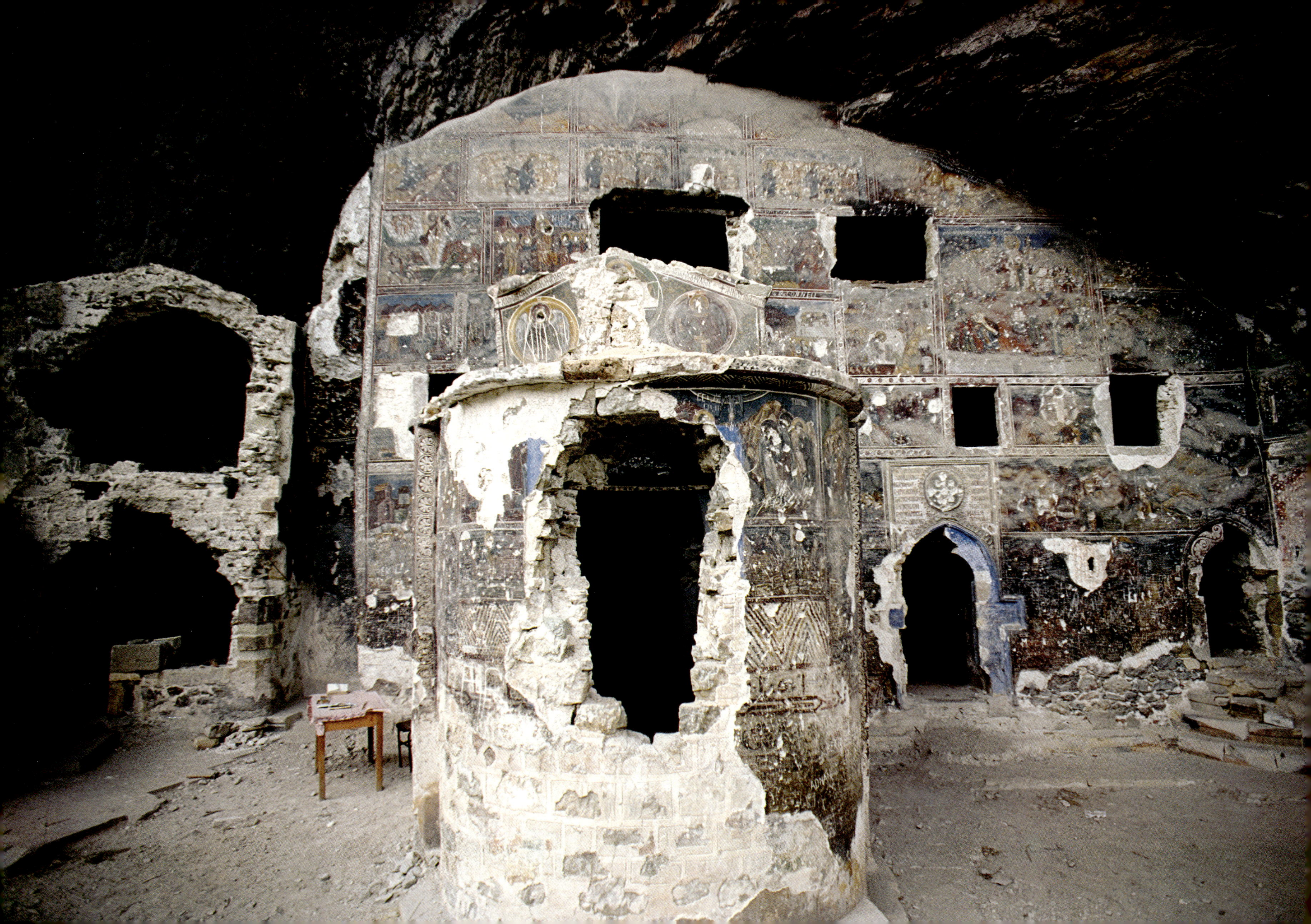

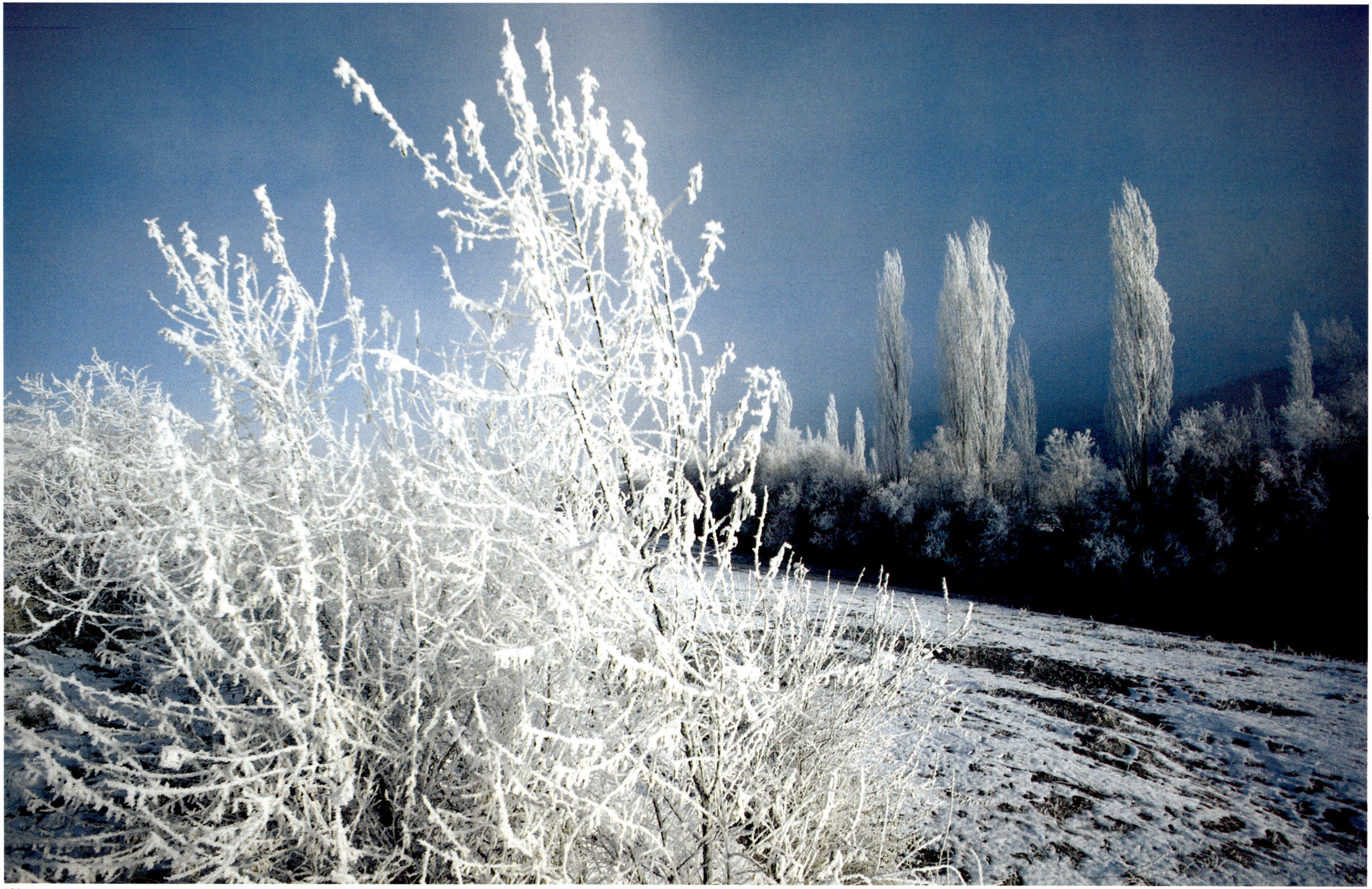

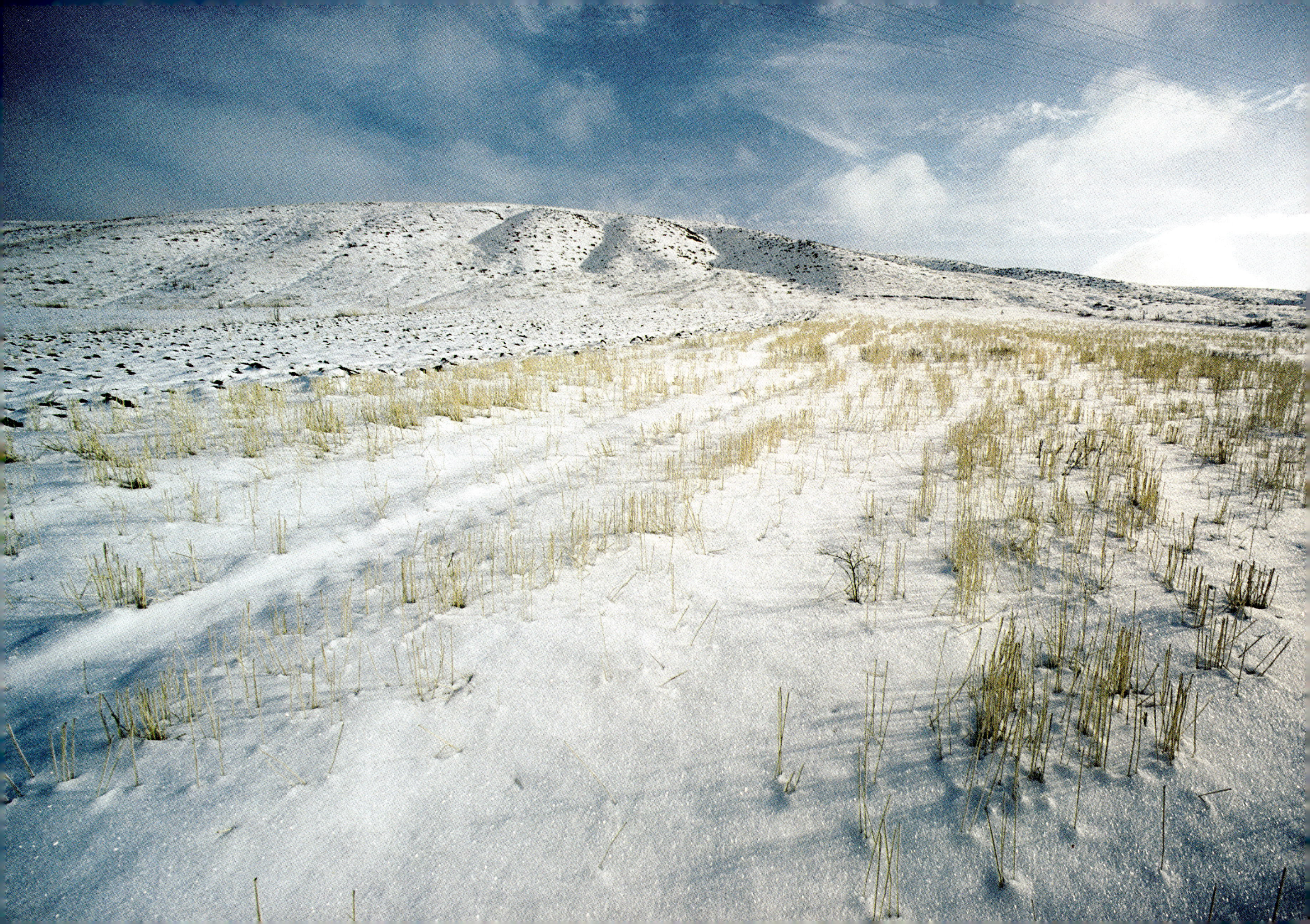

122

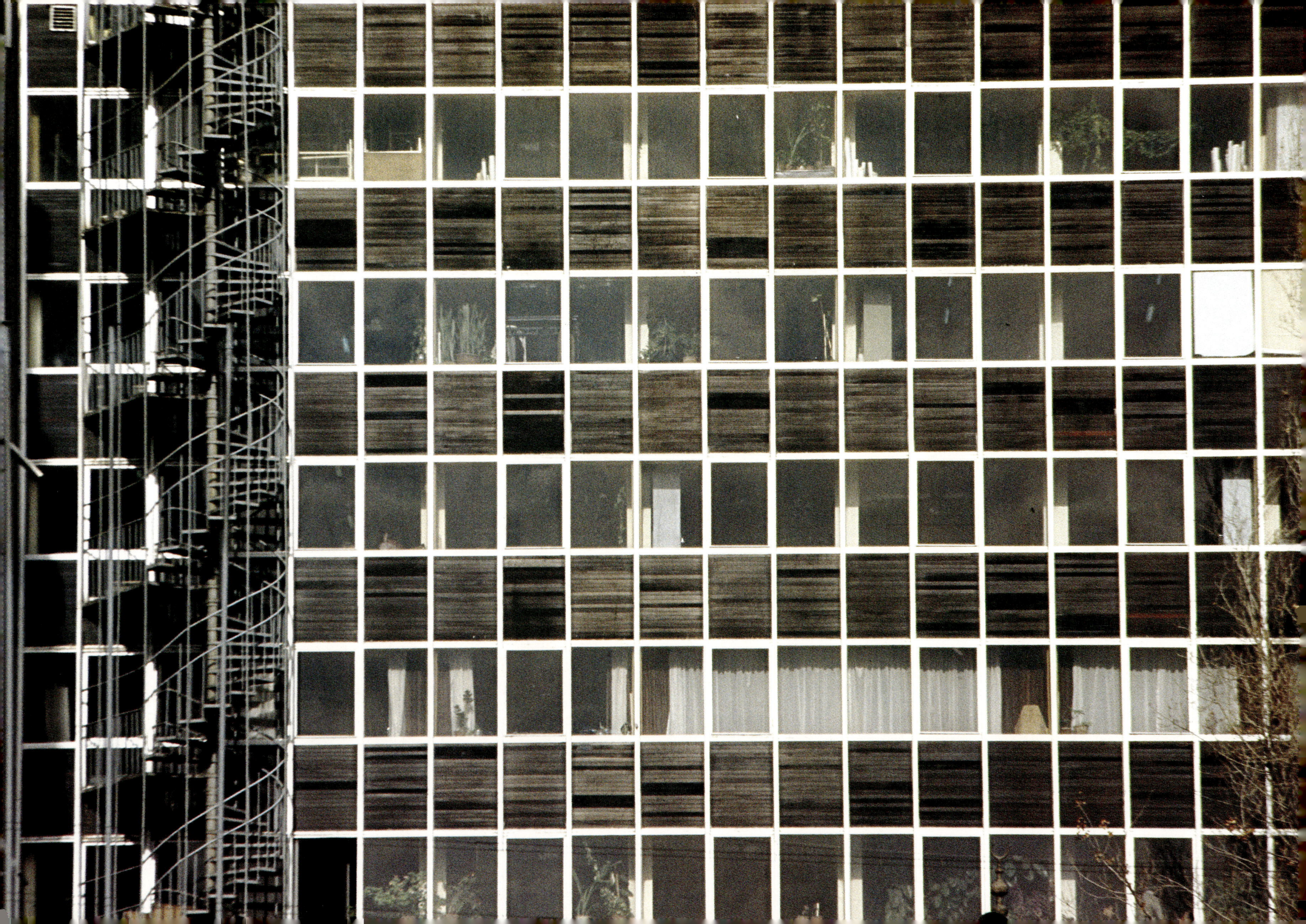

124 125

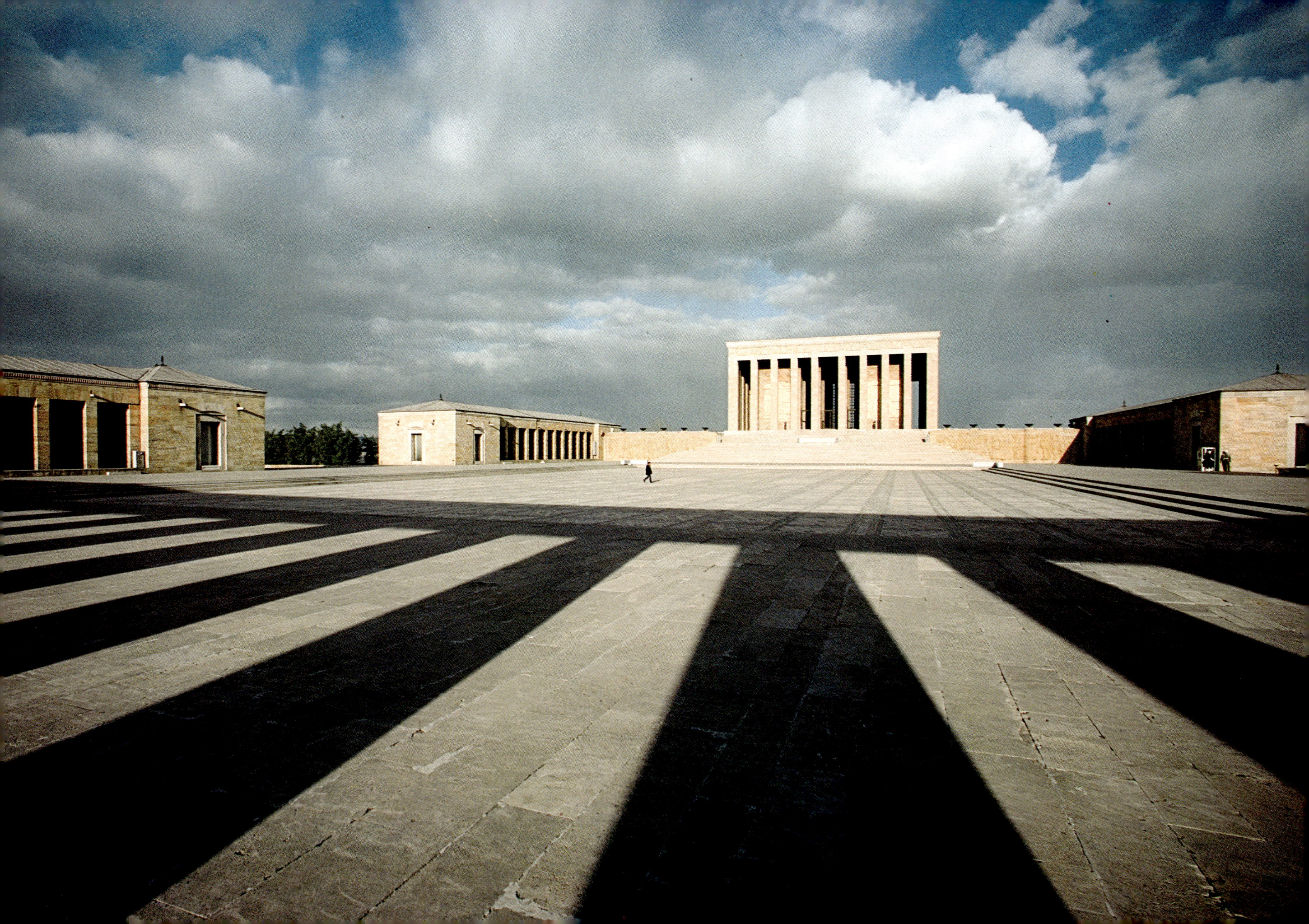

127

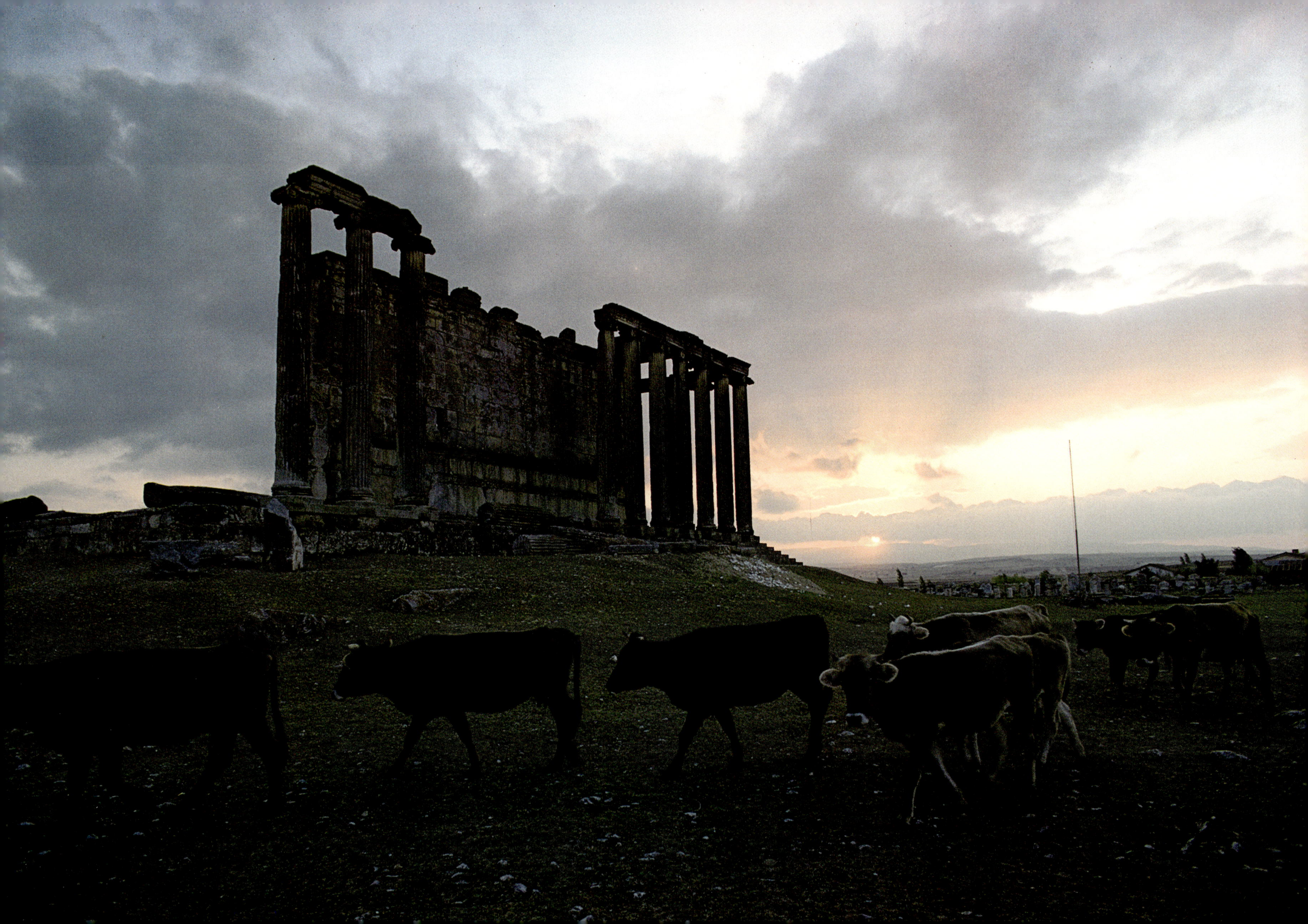

129

130

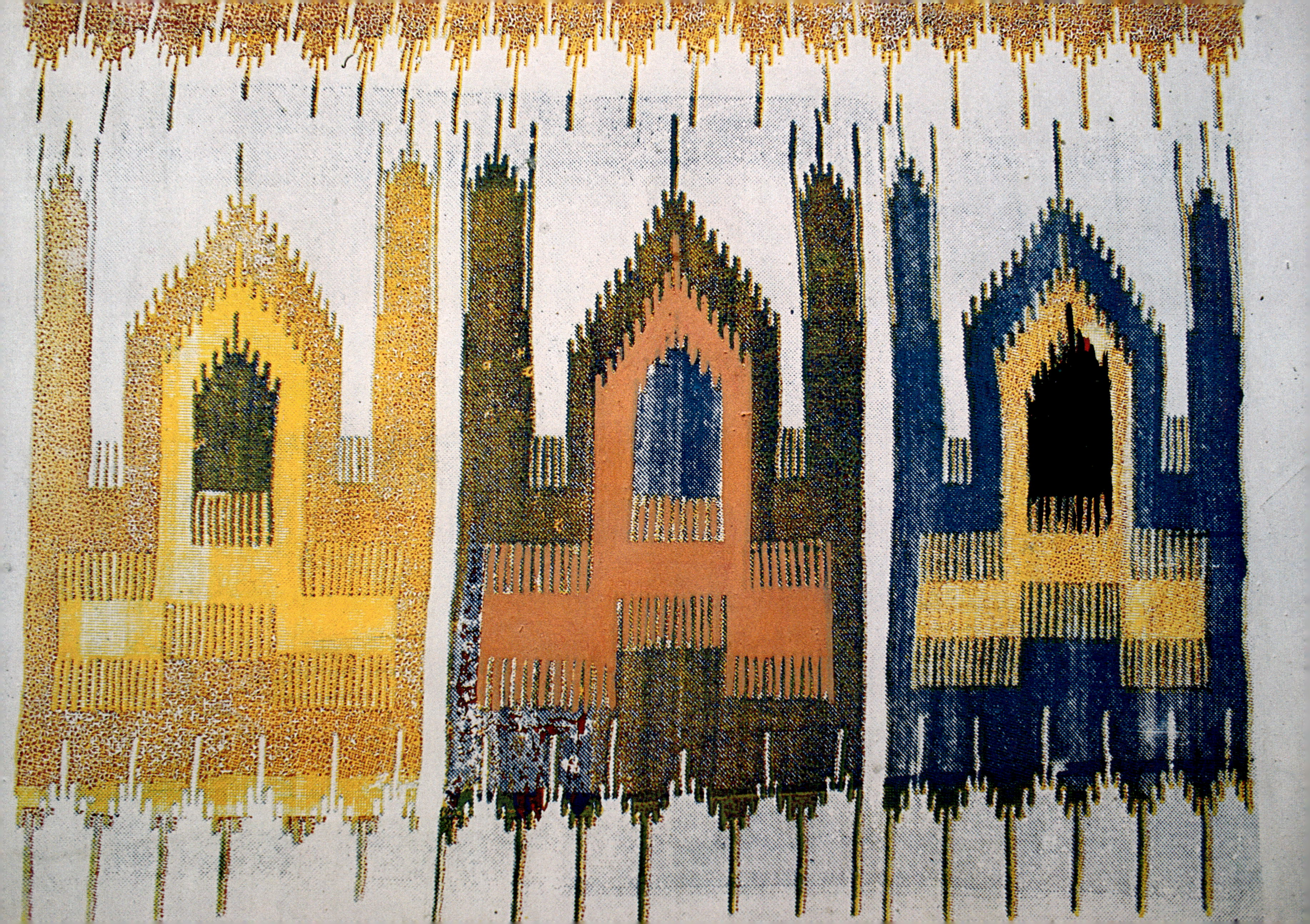

132

133

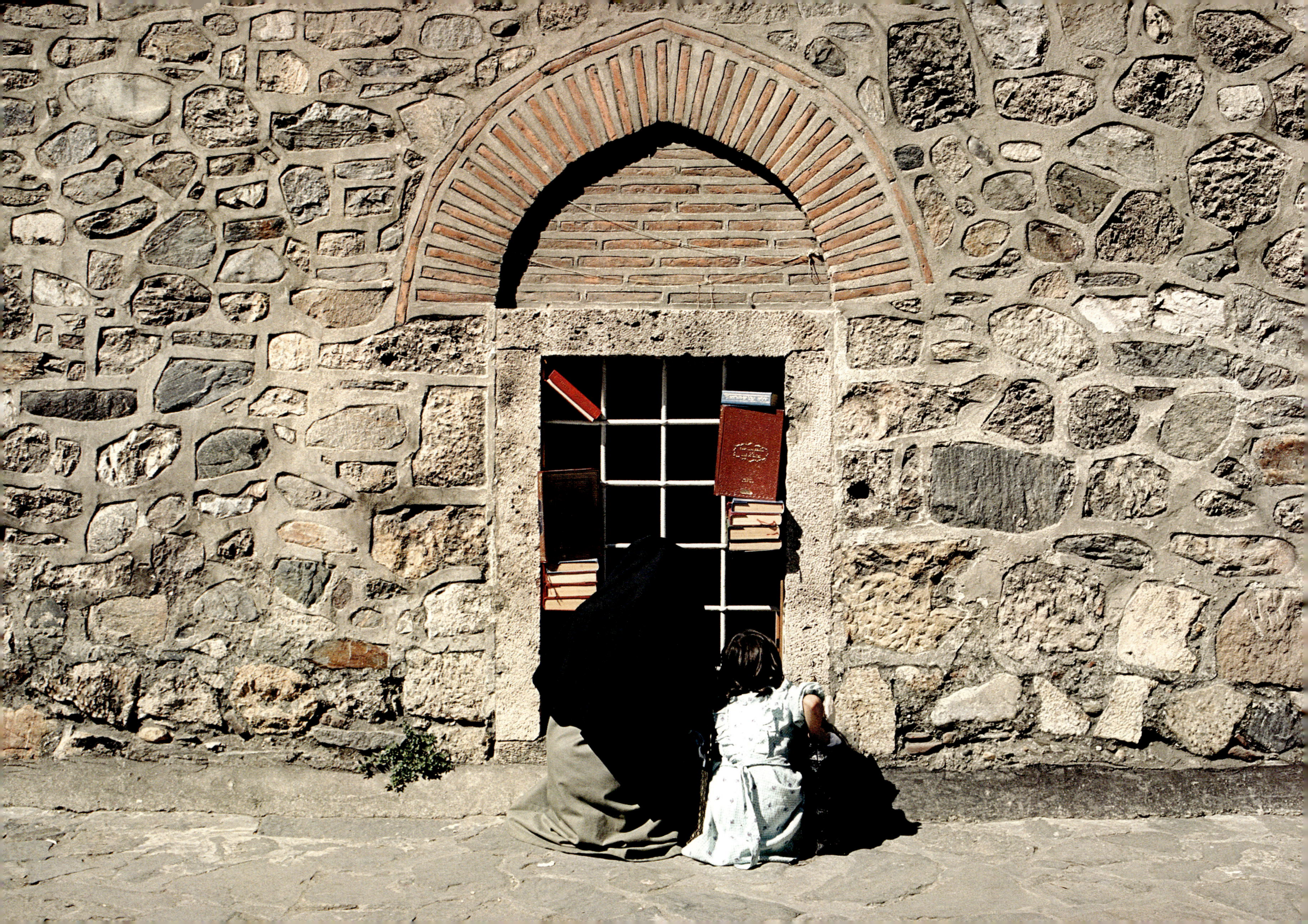

محمد

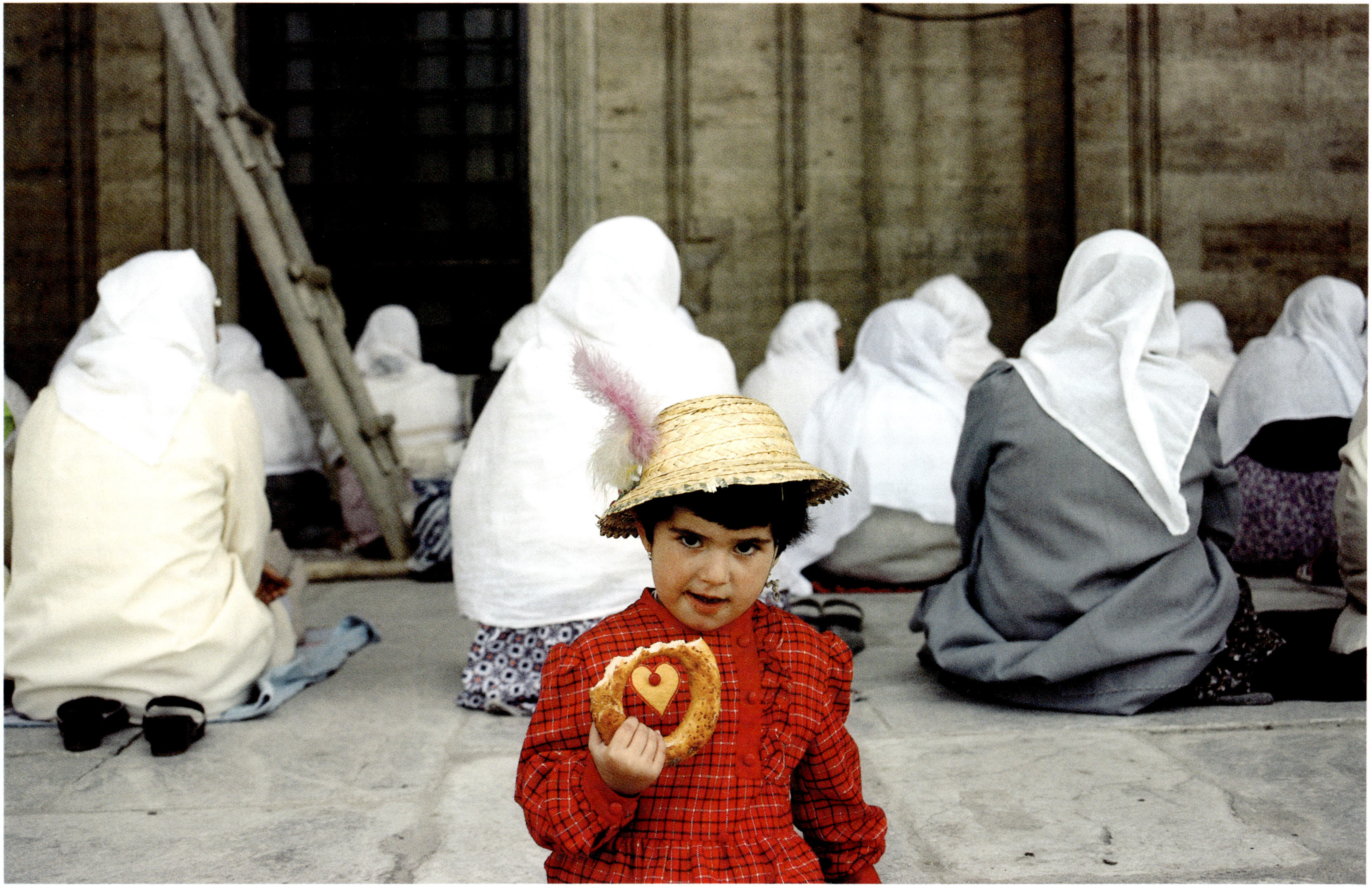

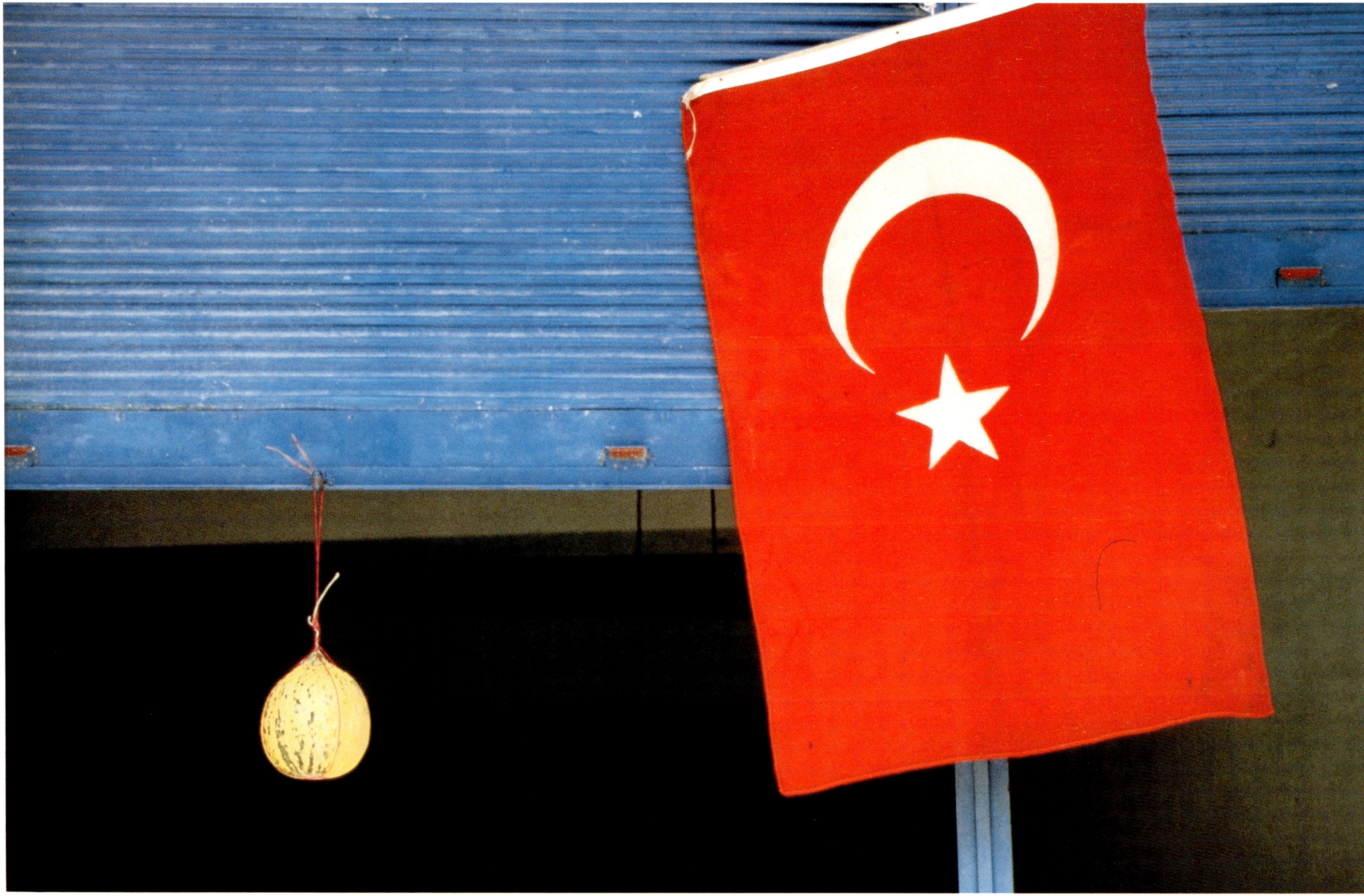

109. Im Bereich von Sinop hat der Wellenschlag des Schwarzen Meeres die Küste geprägt.

110, 111. An der Schwarzmeerküste dient die Schiffahrt vornehmlich dem Fischfang und Warentransporten. Die dazu benötigten Boote können von den Küstenbewohnern ohne industrielle Beihilfe gebaut werden. Holz dazu gibt es genug in den Wäldern des Pontischen Gebirges, das sich entlang der ganzen türkischen Schwarzmeerküste erstreckt. Die Zentren des nicht unbedeutenden modernen Schiffsbaus der Türkei, wo auch Überseedampfer und Kriegsschiffe hergestellt werden, befinden sich an der Westküste.

112–114. Häufig weisen die Umschlagtücher der türkischen Bäuerinnen noch die Farben und Muster auf, die für ihre Stammeszugehörigkeit bzw. ein bestimmtes Siedlungsgebiet typisch sind. Das schwarze Tuch (Şarşaf) wird von den älteren Frauen getragen. Westeuropäerinnen müssen viel üben, bis es ihnen gelingt, ein gerafftes Tuch ohne Anstecknadeln, bei erhobenem Haupt und normalem Gang, auf dem Kopf zu behalten.

115, 116. Die Hauptprodukte zweier Meeresküsten: Am Schwarzen Meer die überreichen Ernten an Haselnüssen, die etwa 60% des gesamten Haselnußaufkommens in Europa ausmachen; das feuchtwarme Klima läßt sie besonders groß und geschmackvoll werden.
Und das neue Produkt der Südküste von Fetkiye bis Adana, die zuckersüßen, aromatischen und besonders saftigen Orangen, die zu einem Exportschlager geworden sind.

117–119. Südlich von Trabzon liegt in 1200 m Höhe das ehemalige Kloster Sumela, heute Meryemana (Mutter Maria) genannt. Der Überlieferung nach wurde dieses Marienkloster im 6. Jahrhundert von Kaiser Justinian gegründet und erfuhr bedeutende Vergrößerungen zur Zeit, als die Komnenenfürsten nach der Eroberung von Konstantinopel für kurze Zeit ihre Herrschaft in Trapezunt aufrechterhielten. Überreiche Freskenmalerei, noch streng der byzantinischen Ikonographie verbunden, zieht sich über die Wände der Höhlenkirchen und -kapellen.

120, 121. Auch die sonnige Türkei kennt den Winter, allerdings nur in Zentralanatolien und in den rauhen Gebirgsgegenden des Ostens und Nordens. Die Schneemassen bringen die Feuchtigkeit, die der Boden nach den trockenheißen Sommer- und Herbstmonaten braucht, um im Frühjahr wieder reiche Ernten zu geben.

122, 123. In Ankara ist alles modern. Seit den zwanziger Jahren wurde die Hauptstadt nach Plänen führender deutscher, österreichischer und türkischer Architekten zu einer gärten- und parkdurchzogenen Großstadt ausgebaut. Auch viele Hochhäuser in extravaganten architektonischen Formen beleben das Stadtbild. Die Türken sind stolz darauf und staunen über ausländische Touristen, die bescheidene Häuschen auf dem alten Burgberg oder die dortigen Moscheen aus dem 16. Jahrhundert bewundern.

124–126. Eine angenehme Überraschung bei der Besichtigung von Ankara ist der Besuch des Mausoleums von Atatürk. Man kann sich der erhebenden Wirkung dieses großartigen Bauwerks moderner türkischer Architektur nicht entziehen. Typische Stilelemente alter anatolischer Kulturperioden, vor allem der Hethiter und Urartäer, wurden übernommen und in dem beispielhaften Museumskomplex verschmolzen. Die programmatischen Aussprüche Atatürks sind auf Marmortafeln in die Wände eingelassen. Was rief er z. B. seinem Volk zu: „Türke, sei stolz, arbeitsam und zuversichtlich!"

127, 128. Nur wenige Siedlungen, die in der Antike beachtliche Bauten schufen, konnten ihre Bedeutung behalten. Der Jupiter-Tempel von Aisanoi (Cavdarhısar) im westanatolischen Bergland zeugt als gut erhaltene Ruine von einstiger Größe.

129–131. Die klassische Schlichtheit altislamischer Bauwerke, aufgelockert durch Reliefs und Kachelschmuck in den traditionellen seldschukischen Farben, prägt die frühosmanischen Bauten von Bursa (Anfang des 15. Jahrhunderts), unweit des Marmarameers. Auch der Wandschmuck, Werk eines zeitgenössischen türkischen Malers, behält bei aller modernen Wirkung die edle Einfachheit überlieferter Motive bei.

132, 133. Andere Länder – andere Berufe! Gepflegte Fußbekleidung ist für die Türken außerordentlich wichtig. In allen türkischen Großstädten offerieren daher Schuhputzer mehr oder minder beharrlich ihre Dienste. Herrliche Obstsäfte gibt es überall im Land; ebenso Trinkwasser aus besonderen Quellen, an denen die Türkei so reich ist. Das Wort „Sorbet" als Bezeichnung für gekühlte Fruchtgetränke kommt von dem alten türkischen Wort „Şerbet".

134. Zyklopenhafte Mauern, geglätteter Naturstein – solche Bauten überdauern Jahrtausende (Fenster einer alten Moschee in Bursa).

135. Viele alte Moscheen sind mit gigantischen arabischen Schriftzeichen geschmückt, die einen Ausruf, Anruf, eine Mahnung Allahs bedeuten; besonders dekorativ an der Innenwand der Eski Cami in Edirne (Thrakien).

136. Tiefe Andacht herrscht beim Gottesdienst im Mevlana-Komplex in Konya; die Frauen sind im Gebet versunken,

doch die kleine Ayşe, modern herausgeputzt, ist noch nicht in die Welt der Frömmigkeit einbezogen.

137. Oft zeigen Ausländer wenig Verständnis für die tiefe Ehrfurcht, die die Türken ihrer Fahne (Bayrak) entgegenbringen. Seit der Gründung der türkischen Republik (1923) ist sie standardisiert. Es ist keine Legende, wenn behauptet wird, daß diese Fahne in ihren wesentlichen Bestandteilen über 500 Jahre alt ist und das „bannergetreue" Türkenvolk auf allen Wegen begleitet hat. Auch in Europa gibt es alte, sachlich richtig erfaßte Darstellungen aus der türkischen Geschichte, die die alte Fahne zeigen; z. B. die detaillierte Wiedergabe des Kampfes Kaiser Karls V. um Tunis (1535), auf der ein holländischer Maler die gleiche Fahne, lediglich in etwas anderen Proportionen, großformatig dargestellt hat.

Unser Dank gebührt:

Metin Kaya Yandas
Celik Gulersoy
Yelman Emcan
Altex Torino
Canon USA
Canon Italien

Bildnachweis:

Image Bank: G + J Abb. 2; Froomer Abb. 17; Dino Fracchia Abb. 18, 25; Amedeo Vergani Abb. 19, 22, 26, 28, 29; Wing Abb. 27; Fulvio Roiter Abb. 75; Magnum: Ara Guler Abb. 23, 24.

Gedruckt bei LEMA Maniago/PN im Dezember 1985

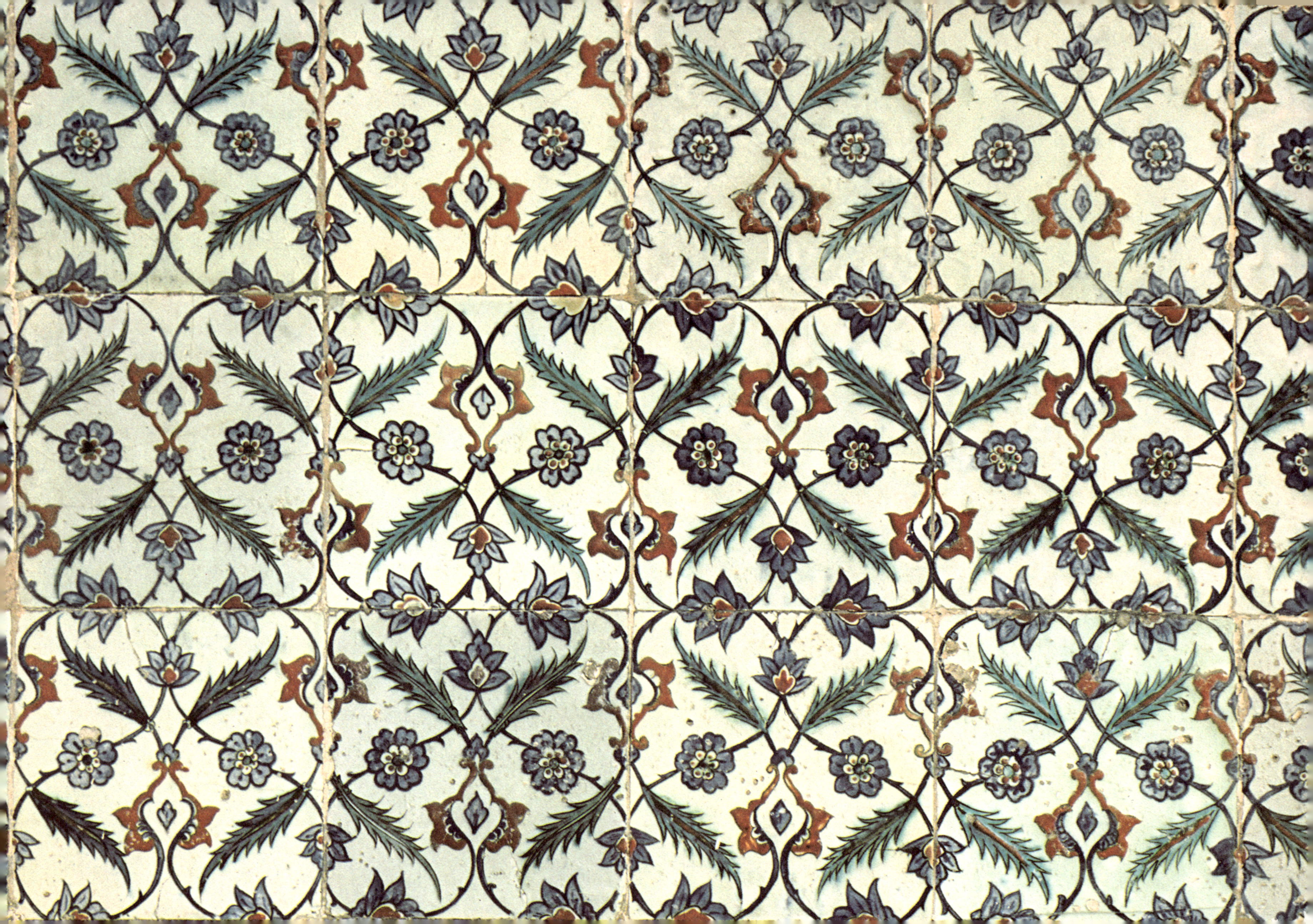